ルポ

無縁遺骨

誰があなたを引き取るか

森下香枝

Kae Morishita

朝日新聞出版

ルポ　無縁遺骨

誰があなたを引き取るか

はじめに　私も無縁遺骨かも……

50歳までは生きていくことに恐れを抱いていた。50歳を過ぎるとヒタヒタと背に迫る死の気配を感じるようになり、何とかしようと「終活」を意識するようになる。

「終活」という言葉は、2009年に「週刊朝日」(朝日新聞出版)で連載された「現代終活事情」ではじめて使われた。2012年に「ユーキャン新語・流行語大賞」のトップ10にランクインし、今では広く使われるようになった。

〝生みの親〟ともいえる「週刊朝日」は2023年5月末で101年の歴史に幕を閉じたが、その編集部にトータルで15年、在籍した私は「終活」特集を盆暮れの時期などによく仕掛けたものだった。

「死後の手続き」「相続」「遺言の書き方」「葬儀はいらない」「墓じまい」「家族じまい」……。あの手この手でやった当時、親も自分もまだ若かったので、差し迫ったこととは考えられず、ちまたにあふれる「終活」企画と差別化するため、見出しの文字をどう並び替えれば、使い古されたフレーズに新しいインパクトを与えられるのか、机上であれこれ考えているに過ぎなかった。

50歳を過ぎた2022年、朝日新聞社にもどり、記者として現場復帰した時、飛び込んできた衝撃的な訃報がこの本を書くきっかけになった。

それは昭和を代表する大女優、島田陽子さんの死だった。享年69。同年夏に病院でひとり、亡くなった後、遺体の引き取り手がなく、自治体によって荼毘《だび》に付されたというのである。

ハリウッド映画やNHKの大河ドラマや映画などに出演する国際派女優の元祖として活躍し、幼い頃から見慣れた有名な女優さんがなぜ……。

20年前から遺言を準備し、終活をしていた皇室ジャーナリストの渡邉みどりさんのあまりにも突然の「ひとり死」も身につまされた。生前、たびたびみどりさんを取材し、「50歳を過ぎたら遺言を書いた方がいい」と語るのを聞いていたのでその現実はショックだった。

核家族化と少子高齢化でひとり暮らしの65歳以上が増えている。身内がいても弔う人がいない死者は近年、急増していた。

自民党の上川陽子外相（当時は幹事長代理）が会長を務めた勉強会のメンバーは問題を重くみて2023年8月、岸田首相に身寄りのない独居の高齢者への支援をめぐる提言書を手渡した。しかし、管轄省庁も決まっておらず、いつ、どのように実現するのか、まだ見通せない。

「無縁遺骨」の問題をわが身に置き換えて考えてみて、ハタと気づいた。家族や10歳以上、年上の連れ合いは、自分より先にこの世からいなくなる公算が大だ。子どものいない私の骨は誰が拾ってくれるのだろう。

死は誰にも平等にやがて訪れる。遺体となり、火葬され、骨と灰になるが、それを誰が拾い、どう弔ってくれるのか。この切ない現実からいずれ逃れられなくなることに取材を通じて気づかされた。

「独身者や子どもがいない夫婦だけでなく、家族がいても親戚づきあいがなければ、最後に死んだ人は、無縁になる」

取材中に聞いた専門家の警告が脳にリフレインした。

いずれ、私も無縁遺骨かも……。不安をかき消すためにはどうすればいいのか。今から何ができるのか。探っていきたいと思う。

（年齢、肩書き、換算額は取材当時のもの）

ルポ　無縁遺骨●目次

表紙写真　Litegeist Photos/Moment Open: Getty Images 提供
別 丁 扉　Narathip Ruksa/Moment: Getty Images 提供
本文写真　クレジットのないものは森下香枝撮影

装幀　水野哲也（watermark）

第一章　葬る人が見つからない社会

■問いかける島田陽子さんの最期

「女優、女優、女優……、勝つか、負けるかよ」

島田陽子さんの最期の様子を知り、昔、映画館で見た女優の闘いを描いた「Wの悲劇」（1984年）の一場面のセリフが頭をよぎった。当時、私は中学生ぐらいだったが、この映画は強烈な印象が残り、今でもなぜか、その場面をよく覚えている。

初舞台の幕が上がる直前、薬師丸ひろ子さん演じる主人公の新人女優が緊張のあまり「できません」と逃げだしそうになる。その腕をギュッとつかみ、三田佳子さん演じる大女優が叱咤する時のセリフだ。

その大女優と島田さんがオーバーラップした。身長170センチと背がすらりと高く、整った清楚な顔立ち。1971年にテレビドラマ「続・氷点」のオーディションで1万人の中からヒロインに選ばれてデビュー。瞬く間にスターになり、映画「砂の器」（1974年）、テレビドラマ「白い巨塔」（1978年）などの名作に出演後、全米で大ヒットを記録した米国のテレビドラマ「将軍　SHŌGUN」（1980年）のヒロインに抜擢された。日本人として初めてゴールデングローブ賞の主演女優賞（ドラマ部門）を受賞し、国際派女優の仲間入りを果たした。その一方、映画「花園の迷宮」（1988年）で共演したロック歌手の内田裕也さん（享年79）との交際など、私生活のスキャンダルも派手だった。

キャスティングにも奔走

島田さんが最後に出演した映画「エヴァーガーデン」は2022年11月21日夜、東京都杉並区の高円寺駅前商店街のビル3階にある30席ほどの小さな映画館でひっそりと上演されていた。

監督を務めた横山浩之さんは「陽子さんは遺作になると覚悟して撮影に臨んだと思う」と話した。横山監督によると、島田さんと最初に映画の話をしたのは2020年のお正月、知人らと一緒に箱根の温泉に行った時のことだ。

横山監督が「文化庁から助成金をもらって映画を作ろうと動いています」と話すと、「私もやりたい」と島田さんが身を乗り出したので、驚いたという。島田さんは主演だけでなく、念願だったプロデュースも申し出た。

車の運転が好きな島田さんがハンドルを握ったが、箱根から都内へ向かう途中、「ちょっと休ませて」とパーキングエリアで何度も休憩しながら帰路についた。当時、島田さんはすでに直腸がんと診断されていたが、映画など仕事に差しつかえると抗がん剤治療はせず、不安を抱えていた。

横山さんは映画「エヴァーガーデン」を撮影する前、島田さんにあるドラマの出演を打診したという。それは漫画原作で孫のいるおばあさんの役だった。

「陽子さんは『お母さんならまだしも、おばあさんは嫌なの』と断ってきた」と明かす。年齢とともに老け役も引き受け、存在感を見せる大女優もいるが、「彼女はできるだけ主演を張り、美しい役をやりたいというタイプの女優さんだった」と語る。

お酒好きの島田さんは闘病中も打ち合わせで居酒屋などに行っていたというが、病状は悪化していた。

プロデュースも兼務する島田さんと台本やキャスティングなどを何度か打ち合わせた横

山さんは、「最後まで女優でありたい、自分の映画を撮りたいという気持ちがすごく強かった」と振り返る。

榎木孝明さんに自ら出演の打診をするなどキャスティングでも島田さんは奔走した。

２０２１年夏には鹿児島県薩摩《さつま》川内《せんだい》市の自然豊かな藺牟田《いむた》池などで行われた約３週間のロケに共演者やスタッフに闘病を隠したまま、参加した。

直径約１キロメートルの火山湖である藺牟田池は１９２１年に国の天然記念物に指定され、２００５年には湿地保存に関する国際条約であるラムサール条約にも登録された場所だ。撮影の許可がなかなか下りなかったが、島田さんと横山さんがかけあってＯＫを取り付けたという。

ロケの前日に現場入りした島田さんは窓全面に池が見える場所に宿泊し、「すごいパワーがある池で（役者は）闘わないと」と共演者にうれしそうに語ったという。

映画は島田さんが演じる主人公、晴子の夫で旅館経営者、喜一（榎本）がコロナ禍による経営難に加え、病気で余命宣告を受け、自殺するシーンからはじまる。

ひとり残され、心を閉ざしたまま、晴子はこの鹿児島県の藺牟田池近くの山奥へ移住し、ひっそりと暮らしはじめるが、そこでミャンマーからの移民、アウンに出会う。

アウンの人懐こい性格に次第に打ち解けていくが、そんな時、ある事件にアウンが巻き

遺作映画「エヴァーガーデン」に出演した島田陽子さん（it JAPAN〈Kohsei Kurata さん〉提供）

込まれ、島田さんが助けようとするという物語だ。

島田さんは横山さんらが用意した衣装は着ず、薄いブルーのドレスなどハリウッドで特注した衣装を持参し、藺牟田池でのロケに参加した。

命がけで守ろうとしたこと

撮影中は多数の薬を服用したが、食事はほとんど取れず、さらに痩せた。出血も続き、衣装が血まみれになることもあったという。

セリフを言う際も息が切れ、撮影で同じ姿勢を長時間、保つことが難しかった。

その様子を見て心配した横山さんは、島田さんが演じる主人公がラストで病気になって亡くなると脚本を変更したが、「ラストで死ぬのは嫌」と島田さんが主張。脚本は何度も書き換えられた。

藺牟田池に入るシーンを撮影する際、寒がる島田さんに「足だけでいい」と横山さんが提案すると、「監督、それはダメよ」といい、自ら水の中に入った。

雨の降りしきる中、正座して抗議する座り込みシーンも文句ひとつ言わず、演じ切った。

この映画にはヒット曲「ダンスはうまく踊れない」でも知られるベテラン女優の高樹《たかぎ》澪《みお》

さんも参加。

島田さんとは過去にも共演したことがあった。初めて共演したのはテレビドラマ「赤い足音」（1983年）で高樹さんが23歳、島田さんが30歳の時だった。

島田さん演じる金融機関に勤める会社員の主人公が、結婚を控え、家の借金返済のため会社の金を横領し、人生の歯車を狂わせていくという筋書きのドラマだ。高樹さんはその妹役を演じた。

「ドラマで島田さんが札束を数えるシーンがあるのですが、わたしは役者になる前、銀行で働いたことがあったので、札束を数えるシーンの手元だけ代わりにやりました。島田さんはそのことを覚えていてくれて、再会した時、『あのときはお世話になったわね』と声をかけられました」と高樹さん。今回は38年ぶりの共演で島田さん演じる主人公の友人の作家役を演じた。

「ちょっと具合が悪いんだよね」と島田さんから聞いていたが、がんで闘病中とは知らなかった。

「島田さんは具合が悪くても周囲に悟られまいとし、病気のことも一切、話さなかったので、深刻な病状とは気づかなかった。彼女は〝ザ、女優〟というタイプ。撮影のために闘病を隠すというのは松田優作さんの最期と私の中ではかぶりました。最後までミステリアスな存在であり続けた。そして気丈だった。命がけで女優としての自分のイメージを守ろうとしていた」と振り返る。

2021年末、島田さんは入院中で映画の試写会に出席できなかった。コロナ禍で見舞いにも行けず、横山さんはLINEでやりとりをするだけになった。「医療費がかさむ」とこぼしていた。やがて既読にはなるが、返事は途切れがちになった。

島田さんが都内の病院でひとり、死去したのは7月25日。島田さんは1990年代に一般男性と結婚したが、2019年に離婚。子どもはおらず、ひとりで暮らしていたという。関係者によると、亡くなった直後、区役所などが島田さんの親族へ連絡をしたが、遺体の引き取り手はなかった。島田さんは生前、周囲に「父、母が亡くなった後は親族との付き合いは一切、していない」と話していた。

亡くなる直前には経済的に困窮状態にあった。死亡地の渋谷区が2週間ほど遺体を保管した後、8月に茶毘に付したという。

無縁の死者のための法律

日本には身元がわかっていても引き取り手がない人を葬る法律は2つある。

1つ目は誰も葬儀をする人がいないとき、墓地埋葬法によって死亡地の市区町村が埋火葬費を立て替え埋葬するケースだ。死者本人に遺留金などがある場合は、差し引き、不足分がある場合、都道府県に請求して弁済することになっている。

2つ目は遺族がいても生活保護を受けるなど経済的に困窮している場合、または死者に身寄りがなく、遺族以外の大家、病院長、友人などが葬儀を手配する場合、死者が生前に生活保護を受けていたかどうかにかかわらず、(生活保護法による)葬祭扶助を申請できる。市区町村と国(4分の3)は埋火葬に費用だけでなく、死体の運搬費、検案《けんあん》などの費用も支給する取り決めになっている。

島田さんについて取材すると、渋谷区の担当者は「詳細は話せない」としたが、関係者によると、こうしたケースが適用され、火葬されたという。

冒頭に紹介した映画で薬師丸ひろこさんが歌う主題歌「Woman 〝Wの悲劇〟より」(作詞:松本隆　作曲:呉田軽穂〈松任谷由実〉)にはこんな歌詞がある。

〈もう一瞬で燃えつきて　あとは灰になってもいい　わがままだと叱らないで今は……〉

女優として映画に命をかけ、燃え尽きた島田さんの姿は、共演した高樹さんに大きな衝撃を与えた。「最期の姿から学ぶことは多かった」と自身の終活について真剣に考えるようになった。

島田さんは生前、遺骨の一部を宇宙に散骨する宇宙葬に契約し、「生きているうちに恐らく行けない宇宙に亡くなった後に行けるのはロマンティック」と語っていた。

だが、遺骨は最後、身のまわりの世話をしていた知人が引き取りに行き、島田さんが保管していた母親の遺骨とともに父親の眠る家族の墓に納められたという。

ご冥福をお祈りしたい。

■無縁の死者は10万5千人

総務省調査の驚くべき結果

ひとりで暮らす高齢者への終活支援に詳しい日本総合研究所の沢村香苗研究員は、国際派の俳優として活躍した島田さんもこうした最期を迎えたことに驚いたという。

「国や自治体関係者の間でも、終活支援の必要性が再認識されたと思う」と話す。

法務省、厚生労働省、総務省など管轄が複数省庁にまたがるため、引き取り手のない死亡人、無縁遺骨などの調査は行われたことがなかった。

だが、重い腰を上げた総務省が1741の市区町村と47都道府県を対象に調査し、驚くべき結果を2023年3月末、発表した（遺留金等に関する実態調査結果報告書＝以下、報告書）。

その報告書によると、死亡時に引き取り手がなかった死者の数は、2018年4月から21年10月まで3年半の間、約10万5千人にものぼったのだ。

市区町村が火葬代などの葬祭費を立て替えた後に、本人の遺留金を充てたり、相続人を探して支払いを求めたりしているが、死者数の増加で市区町村や都道府県、国の費用や事務の負担が大きくなっている。

報告書によると、約10万5千人のうちほとんどは、身元がわかっていながら引き取り手がなかった人でその数、約10万3千人。生活保護法（約9万3千人）や墓埋法（約1万人）が適用され、行政によって埋葬された。

身元がわからず、行旅法で行政に葬られたのはわずか約3千人だった。

行政が支出する葬祭扶助費の基準額は都市部では1人あたり約21万円で、概算すると全国で1年間に100億円を超える葬祭扶助費を行政が負担した可能性がある。

相続人が見つかっても難航

報告書によると、遺体を引き取る人がいない場合、相続人に対する調査は戸籍、病院などをたどって行うが、連絡先がわからない場合が多く、戸籍地の住所に手紙を出して探す場合もある。そのため、遺族を探すまでにかなり時間がかかるという。

市区町村によっては遺体の引き取りから火葬まで時間が限られているので費用を立て替えて、火葬した後に相続人の調査をはじめる場合もある。

相続人の範囲は民法で配偶者、死者の子ども（孫の代襲あり）、親、兄弟姉妹（おい、めいの代襲あり）など3親等内とされているが、見つかっても難航するケースが多い。

報告書に記された例によると、ある市区町村が墓埋法を適用し、立て替えた父親の葬祭費を子どもに請求したところ、「親とは長年、交流がないので相続は一切、放棄する。葬祭費の弁済も拒否する」と回答した。

また、別の市区町村では亡くなった人に所持金がなかったので墓埋法によって葬祭費全額の約35万円を立て替え、その子どもに請求したところ、「親が離婚してから何十年も会っていない」という理由で手紙を郵送しても、請求書を直接、持参しても応じてもらえなかったという。

「家族のあり方が多種多様で離婚が珍しくない状況を考えると相続人や遺族に連絡して葬祭費を回収するというのは今後、ますます難しくなってくるのではないか。こうしたケースが年々、増加し、行政の負担が増えている」と総務省行政評価局担当は話している。

第二章　最期の不条理

■20年かけた完璧な終活〜渡邉みどりさんの「想定外」

ドアに鍵はかかっていなかった

帽子がトレードマーク。皇室ジャーナリストの草分け的存在として知られた渡邉みどりさんは88歳を迎えても現役で活躍していた。2022年9月中旬までエリザベス女王の崩御や眞子さまと小室圭さんの結婚問題などでメディア取材を受けていた。

みどりさんがひとり暮らしをしていた東京都千代田区のマンションに異変が生じたのは10月2日。日曜の夕刻だった。

4日前に電話で話したハースト婦人画報社の担当編集者、吉岡博恵さんは「声に力がなく、辛そうな感じで様子がおかしい」と気になり、渡邉さん宅を訪ねた。
みどりさんは朝日新聞と読売新聞の2紙を購読していたが、ポストに新聞がたまっていた。

インターフォンを押しても反応がないので、管理人に連絡したが、日曜日で不在。警察の立ち会いの下、合鍵《あいかぎ》業者を呼んで入ろうとしたら、ドアに鍵はかかっていなかったという。中へ入ると、みどりさんはリビングの床に倒れ、すでに息をひきとっていた。傍らには携帯電話があった。

死体検案書によると、死亡推定時刻は9月30日午後。この日の朝刊は取り出されていたが、夕刊からポストにたまっていた。遺体には倒れて頭を打った跡があった。亡くなる直前、同じ携帯番号に繰り返し電話をかけていたが、自分の番号だった。

みどりさんは2019年頃から脊柱管狭窄《せきちゅうかんきょうさく》症や第二腰椎《ようつい》圧迫骨折などを患い、歩行が困難になっていたが、痛み止めなどを服用し、仕事は続けていた。自宅に残されていたカレンダーにはびっしりと打ち合わせや原稿の締め切り日などが書き込まれていた。週のうち何回か、大学生のアルバイト秘書が訪れ、メールのチェックや書類の整理をしていた。入浴などを手伝うヘルパーさんも訪問していたが、死亡推定時刻から吉岡さんに発見されるまで2日間は空白となっていた。

皇室ジャーナリストの渡邉みどりさん（辻千晶さん提供）

日本テレビのエグゼクティブプロデューサー時代の渡邉みどりさん（辻千晶さん提供）

吉岡さんはみどりさんと親子ほども年が違ったが、たまに食事に行くなど親しい間柄だった。そしてぽつりとつぶやいた。

「仕事ですぐに駆けつけられず、今でも後悔が残っています」

何度か書き換えた遺言

渡邉みどりさんは日本テレビに勤務し、1989年に昭和天皇が亡くなった際の特別番組を仕切るエグゼクティブプロデューサーなどを歴任。33年間在籍した後、文化女子大学の教授を22年間、務めた。その傍ら皇室ジャーナリストとして『美智子皇后の「いのちの旅」』（文藝春秋）など多くの著作を執筆している。

私がみどりさんと知り合ったのは25年ぐらい前のことだ。

当時、私は「週刊文春」の記者で文化女子大学の教授をしていたみどりさんを取材したのが縁で、その後も自宅でお茶を飲んだり、食事をごちそうになったりとお世話になった。

雅子さまが皇后になられるまでの健康問題や眞子さんと小室さんの結婚問題についてもご意見をよく伺った。みどりさんはポジティブ思考で常に雅子さま、小室夫妻を応援するスタンスだった。

面倒見はいいが、江戸っ子らしくサバサバし、好奇心旺盛。親子以上も年齢が違う私に「あなたはどう思うの?」とよく逆取材していた。

趣味だった社交ダンスの大会に出場するなど80歳過ぎまで人生を楽しんでいるように見えた。

「天涯孤独で、家族がいないので50代の時に遺言を書いたのよ。あなたも将来、早めにやった方がいいわ」とあっけらかんと話していた。

残された公正証書遺言によると、遺産管理人に指名されたのは長年つきあいがあった辻千晶弁護士。遺言執行者として日テレの元同僚で友人の女性の名前が記されていた。

「遺言を作りたいと相談があったのは20年以上前で何度か書き換え、2008年にようやく固まりました」と辻弁護士は話す。

だが、死後、みどりさんの想定どおりにはなかなか進まなかった。

想定外の出来事が相次ぐ

みどりさんは自伝『かくし親』(講談社)で自身がある大物政治家の婚外子であることを公表していた。この話はある種、「公然の秘密」で私も直接、ご本人から伺ったことがあった。

20年以上も前、新宿で食事をした後、みどりさんが運転する車で最寄り駅まで送ってもらう道すがらご自身の生い立ちを語りはじめ、びっくりしたことを今でもよく覚えている。政治家の父親から認知されず、みどりさんは1989年に東京地裁に認知請求の訴訟を起こしていた。帝京大学医学部で2人が親子鑑定の検査を受けた結果、99・9％で認められ、父親はみどりさんを認知した後、亡くなった。

壮絶な体験だったと思うが、ハンドルを握りながら、他人ごとのように淡々と語っていた。

みどりさんが亡くなる3年前の2019年、週刊朝日編集長をしていた私に連絡があった。著名人をインタビューし、人生の岐路を振り返ってもらう「もう一つの自分史」という名物コーナーに出たいと申し出があり、登場してもらった。

「週刊朝日」（同年9月13日号）に掲載されたインタビューでは苦労して自分を大学まで出してくれた母親の思い出と「よくグレなかったわね」と周囲にいわれた生い立ち。

女性でただひとり、日テレに入社し、3年目の1959年、上皇と美智子上皇后の結婚式のパレードを取材したことがきっかけで皇室取材にのめり込み、プロデューサーまで上りつめた。私生活では結婚して子どもを流産し、「仕事をやりたいという自分のわがまま」

で10年後に離婚したという。

そして長い人生を振り返り、「自分が欠損家庭で、父の愛がほしかった」と率直に語っていた。

母親を早くに亡くしたみどりさんは、3親等内の親族がいなかったため、亡くなった時、辻弁護士は父方の親族に連絡をとった。しかし、死亡届の提出や遺体の引き取りなどは「難しい」といわれたという。

戸籍法上、死亡届を役所に出せる資格者は、親族、同居人、居住不動産の家主などで、辻弁護士ら遺言執行者らは資格外になる。苦慮した結果、死亡届は家主に頼んで届け出てもらったという。

身寄りがない場合、死亡届を出すにもひと苦労なのだ。

かなわなかった献体

想定外はまだ起こる。

みどりさんは生前、「遺体は大学病院に献体してほしい」と辻弁護士らに話していた。

献体とは遺体を医学の研究・発展のために提供することで、献体者となるには、亡くなる前から献体篤志家《けんたいとくしか》団体や大学医学部に届け出て登録をしておく必要がある。

みどりさんは生前に登録し、献体先の大学病院の連絡先も自分の部屋に残していた。

献体すれば、大学医学部によって遺体が運ばれ、防腐処理などが施され、一定期間（長くなると数年）、保管されるという。

医学部で解剖後、火葬され、遺骨となって遺族のもとへ届けられるが、遺骨を引き取る遺族がいなければ、大学内などにもうけられた供養塔に納められる。

日本篤志献体協会（東京）によると、国内には62の団体があるが、全国で登録者総数は31万5600人（2022年3月末時点）を超え、うち約半数はすでに献体が実施されたという。

団体が統計をとりはじめた1970年度の登録者は約1万人で当時は全国の医・歯学部の解剖で必要な数を満たすことはできず、身元不明で引き取り手のない行旅死亡人の遺体を警察から回してもらっていたという。

その後、法整備され、臓器移植の普及などで認知度が上がり、1989年に10万人を超えて以降、献体登録者は増加の一途をたどるが、その裏には火葬費を大学側が負担することから、身寄りのない高齢者が死後、献体を申し出るケースが増えているという。

結論から言うと、みどりさんは登録していた献体をすることはできなかった。

自宅で倒れてひとり、死後に発見されたみどりさんは「死因が明らかでない死体」と判断された。警察が死因を調べるため、解剖がなされたため、医学部へ献体できなくなったのだ。

監察医が解剖した後、遺体は辻弁護士らが引き取り、10月6日に荼毘に付された。

想定外はまだ続く。

みどりさんは終活のための身辺整理として2010年、所有していた千代田区の自宅マンションを売却し、同じマンションの以前より狭い部屋を賃貸で借りて暮らすようになった。それ以後、毎月の家賃が必要になったうえ、趣味の社交ダンスや仕事の交際費などの支出も続いた。辻弁護士は「亡くなった時点では、不動産を売却したお金は、ほぼ使い切っていた」と語る。体も弱ってきたので、年金で暮らせる介護施設に移ろうと、所有する骨董《こっとう》品を売却するなど準備をしていた矢先に亡くなったという。

みどりさんは亡くなる少し前まで毎年、私が所属した編集部においしいクッキーなどの差し入れを欠かさず、送ってくれていた。

電話でお礼を述べる際、皇室の話以外は突っ込んだ話もせず、おそらく無理をして送り続けていたのだろうと思うと胸がしめつけられた。自分の至らなさを後悔した。

「遺族でなければ、解約できない」

おひとりさまの場合、携帯電話の契約を解約するにもひと苦労する。辻弁護士がみどりさんの携帯の解約を電話会社に求めた際も、「遺族でなければ、解約できない」と言われ、死後事務委任契約などを説明するのに四苦八苦したという。「もう少し柔軟な対応に改めてほしい」と振り返る。

賃貸で借りていた住居のため、死後1カ月以内に退去しなければならず、大忙しで遺品整理を行った。辻弁護士と遺言執行者の友人、アルバイトの秘書、第一発見者の吉岡さんが集まり、遺品を段ボールなどに詰めた。

みどりさんは生前、皇室関連の資料の一部を母校の東京女学館中学校・高等学校（東京都渋谷区）へ寄贈していたが、自宅には大きな本棚がまだ3つ残されていた。そこには、皇族ごとの記事のスクラップやメモが多く残されていた。

整理した吉岡さんが「廃棄するのはもったいない」と千代田区立日比谷図書文化館に寄贈を申し出たところ、すべて引き取ってくれた。

日比谷図書文化館に運び込まれた遺品を見に行くと、日本テレビ時代に取材した満州国皇帝の弟・愛新覚羅溥傑《あいしんかくらふけつ》の妻、浩《ひろ》へのインタビューの録音起こしなど貴重な資料もあった。みどりさんは愛新覚羅溥傑から生前、書も贈られていた。イギリス王室に関する資料もたくさんあった。

みどりさんが日本テレビの記者時代、文字どおり、世界を飛び回って取材していたころが偲《しの》ばれた。同文化館は「貴重な資料なので整理し、コーナーを設けていずれ展示したい」と語る。

美智子さま付きの女官長からのお悔やみ

2022年11月、四十九日の法要が行われたが、遺言には重大な点が抜けていた。遺骨やお墓についての指示がなかったのだ。故人の指示などがない場合、納骨やお墓の管理は祭祀《さいし》継承者である親族の役目と定めているため、財産管理人や遺言執行者はお墓をどうするか決めることはできない。

遺骨は辻弁護士がみどりさんの母親の墓がある港区のお寺にいったん預けたが、この先、墓を管理する人はいない。辻弁護士は「親族の承諾を得て、墓じまいをし、お寺に御霊《みたま》の永代供養をお願いした」と明かす。

2023年1月23日、みどりさんを偲ぶ会が千代田区のプレスセンターで行われた。日テレ時代の後輩たち、出版社幹部、編集者、新聞記者ら100人以上が集まり、それぞれの知るみどりさんとの思い出を語り合った。

そして上皇后美智子さま付きの女官長からのお悔やみのメッセージも読み上げられた。

上皇后美智子さまとみどりさんは1934年（昭和9年）生まれの同い年だった。

上皇后が聖心女子大学に在学し、正田美智子さんだったころからみどりさんは名前を知っていたとよく話していた。

そのきっかけは1955年（昭和30年）に読売新聞が全国で募集した懸賞論文「はたちのねがい」。みどりさんも応募したが、落選。論文4千通以上の中から2位に選ばれたのが美智子さまだった。

みどりさんは美智子さまが後日、賞金を恵まれない人へ寄付したことを知り、その名前が自分の頭に刻み込まれ、その後も皇室記者として皇太子妃、皇后、上皇后になられた美智子さまを一貫して取材し続けるが、「美智子さまとの出会いは運命」とよく語っていた。

みどりさんの生きた時代

日本テレビ時代、みどりさんは皇室とは別にライフワークとしていた番組があった。三つ子の成長とその子育てに奮闘する父親の姿を追った「太・平・洋シリーズ」でその中の作品が日本民間放送連盟賞テレビ社会部門最優秀賞を受賞したこともあった。

大人になった三つ子の女性のひとりがみどりさんを偲ぶ会でスピーチし、豪快なエピソードを懐かしそうに語っていた。

第一発見者となった吉岡さんは「婦人画報」（2023年2月号）で心のこもったみどりさんの追悼特集を組んでいた。カラーグラビアやレイアウト、愛情のこもった文章に私はただただ感服した。

みどりさんは週刊朝日の「もう一つの自分史」のインタビューで「令和に生まれていたら？」と質問され、こう語っている。

「子どもをたくさん産みたい。そして子どもを育てながら仕事もしたいですね。平凡すぎますか？　けれども、それが私の生きた時代にはとても難しく、『非常識』なことだったんです」
みどりさん、心よりご冥福をお祈りします。

第三章　異状死の不平等

■読者からの手紙

17万件を超えた異状死

2022年末、「無縁遺骨」の連載の後に読者の女性（65歳）から一通の手紙をもらった。

〈（皇室ジャーナリストの）渡邉みどりさんの記事に衝撃を受けました。つい最近まで仕事をされ、あれだけ知的な方がひとり暮らしということで〝終活〟もされていたのに、遺言も全面的には叶えられず……〉

その女性は「異状死」について解説した記事を手紙に同封していた。異状死とは法医学の定義で、明らかな病死以外の死のことだ。

自宅マンションでひとり、亡くなり、死後に発見されたみどりさんは異状死として警察に届けられたため、警察から解剖を受けたことは前述した。事件性はなくとも死因の判明しない異状死体に対し、死因究明を目的として警察の判断で解剖が行われることもある。

異状死はひとり暮らしの高齢者の増加とともに増え、2021年に警察に届けられた件数は17万件を超えている。

異状死と判断されると、検察官や認定された司法警察員によって、身元確認や犯罪性の嫌疑の有無を調べる検視《けんし》が行われる。

検視では「家族や発見者やその他関係者からの事情聴取」「遺体の表面的な調査および撮影や指紋採取」なども行われる。

さらに医師が遺体を医学的に調べ、死亡時刻の推定や死亡状況を判定することを検案と呼ぶ。

検視や検案によって犯罪性があると判断されると、警察は司法解剖を鑑定嘱託医師に依頼する。

一方、犯罪の疑いがないとされた遺体でも、2013年に施行された「死因・身元調査法」(以下、調査法)により、警察署長の判断で家族の承諾がなくても解剖でき、伝染病など公衆衛生の観点から行政解剖が行われることもある。

異状死とされると、こうした手続きを受けなければ火葬できないうえ、対応には地域差があった。

東京23区と横浜市の負担格差

異状死についての著作もあるノンフィクション作家の平野久美子さんは2010年9月に世田谷区内の自宅で父親を、2020年3月に横浜市のショートステイ先の施設で母親を亡くした。

「どちらも異状死として警察に届けられ、事情聴取を受けました。東京と神奈川であまりにも対応の違いがあり、困惑しました」と語る。

父が亡くなった世田谷区など東京23区は監察医制度が機能しているので、すぐに監察医が自宅にやってきて「老衰」と検案した。検案書発行の1通目は遺族の費用負担はない。

ところが、母親が亡くなった横浜市の場合は大きく異なっていた。

横浜市は監察医制度を2015年で廃止しており、警察の嘱託医らに検案と調査解剖などを依頼している。その際、検案所までの遺体の運搬は葬儀社が行い、関連する経費は遺族が全額負担する取り決めだった。

平野さんによると、立て替えたという葬儀社に13万円以上を現金で支払った。

その内訳は母親の遺体を検案（解剖せずに遺体の表面などから死因を調べる）したX研究所（横浜市）の院長への検案料4万5千円、搬送施行人件費、寝台車の病院へのお迎え、検案施設への往復交通費などが8万8220円となっていた。

X研究所が作成した添付の説明書にはこう書いてあった。

〈生命保険会社へ提出するための死体検案書を発行する際には、文書料としてさらに1万5千円が必要になる〉

平野さんが、横浜市内で身内を異状死と判断された複数の知人に確認したところ、同じX研究所の院長への検案料、運搬費を含む全額を遺族が支払っていた。

平野さんは「なぜ、横浜市では都内と違い遺族が全額負担するのか、なぜ葬儀社が検案料まで立て替える仕組みになっているのかを知りたくて、市役所や県警に説明を求めても要領を得なかった」という。

厚生労働省などによると、犯罪の疑いがある司法解剖の費用は国が負担するが、検案料や調査法解剖、行政解剖の費用負担について決まった基準はない。

警察庁に取材すると運搬費など全額を遺族が負担していたのは47都道府県の中で神奈川県だけだった。

法医学医らの間では長年、「神奈川方式」と呼ばれ、問題とされていた。臨終に立ち会った医師などから交付してもらう死亡診断書の費用は、「3千〜1万円」が今も相場とされている。

だが、異状死とされると、監察医や警察に委託された医師が作成する死体検案書が必要になり、運搬費も込みで相場は「3万〜10万円」と高くなる。解剖されると、さらに値段は跳ね上がるのだ。

繰り返された神奈川問題

実は平野さんが訴えた神奈川問題は、1990年代から県議会でも繰り返し、問題提起されていた。2012年9月の県議会で若林智子元県議(神奈川ネット所属)が質疑で取り上げた概要は次のとおりだ。

2011年末に家族を亡くしたAさんは、警察の死因調査の結果、監察医による検案を受けることになった。

Aさんは警察官から、家族の遺体を葬儀社の車両で搬送しなければならないこと、搬送、検案、解剖の責任及び費用については遺族の負担とする旨説明を受け、ある葬儀社を紹介されたという。Aさんは特定の葬儀社を紹介されたことや警察官が提示した費用およそ15万円を遺族が負担するとした法的根拠に疑問を感じながらも、監察医の行う検案や解剖は拒否できないという前提で進められた手続きにのっとり、承諾書に署名、捺印したという。

その結果、検案を終えて、監察医に対して4万円、葬儀社に対して遺体搬送費及び検視介添え処置料金として8万6000円、総額12万6000円の費用を負担した。

当時、まだ監察医制度下だった横浜市では監察医が行う検案や解剖は政令による行政行為とされ、遺族が費用を負担しなければならない法的根拠はなかった。実際、検察医制度がある東京23区などでは今でも公費負担となっている。

Aさんがその法的根拠を尋ねると、警察官も「法的根拠はありません」と答えたという。

神奈川県監察医の業務に係る費用に関する基準（当時）には、死体検案費用（基準額1万円）や解剖費用（基準額5万円）と定められていたが、Aさんら遺族には当時、この基準額も知らされなかった。Aさんは負担した検案費用に関する記録について情報公開請求も試みたが、後に文書公開の拒否決定通知を受けとったという。

若林元県議は「まずは、監察医が行う検案や解剖の費用について、例えばその内訳を示すようにするなど透明性を確保すべきであり、加えて、監察医が提出する報告書及び記録に関する基準を見直し、監察医が保管するすべての記録の提出を求め、遺族から開示請求があった場合に情報提供に努めるべき」と訴えた。

これに対し、菊池善信・保健福祉局長（当時）は、「検案や解剖に要する費用の内訳がわかりにくいというご指摘でございますが、現在、監察医からは領収書が発行されておりますが、その内訳までは記載するようになっておりません。このため、透明性を確保するために、監察医に対して費用の内訳を明確にした領収書の発行を義務づけるなど、神奈川県監察医の業務に係る費用に関する基準の見直しを検討してまいります」。

こう回答していたが、平野さんの証言では8年後も同じことが繰り返されていた。

監察医業務はブラックボックス

平野さんの母親、Aさんのケースとも死体検案料の領収書の発行先はX研究所だ。

平野さんの時は領収書に4万5千円という値段と受領印、X研究所の住所と院長名が記載された印が押されているだけだったという。

県議会でこの問題を8年前に質問した若林元県議にも話を聞いた。

横浜市は当時、まだ監察医制度をとっていたが、採用する東京23区と4つの都市（横浜市、大阪市、神戸市、名古屋市）のうち、遺族が解剖費用を負担するのは神奈川だけだった。そのやりとりも医師と遺族の間だけで行われるため、県の要綱に定めた基準（検案1万円、解剖5万円）が守られているかどうかを県もどこも把握していなかったという。

若林元県議がこう指摘する。

「Aさんは要綱より高い金額をX研究所に請求されていました。なぜ、請求額が高いのかと県警に聞いても監察医と遺族の民・民の関係なのでわれ関せずでした。それならば、と監察医に保存が義務付けられている記録を情報公開請求してみましたが、『公文書ではないので不存在です』と言われました。県も監察医業務はブラックボックスとなっていると認めていましたが、何を聞いても医療課は禅問答のような回答を繰り返すばかりでした。神奈川県警はどこからAさんの情報を入手したのかとしつこく聞いてきて困惑しました」

おかしなことはまだあった。

承諾は不要とされている監察医の解剖なのに、遺族は監察医あての解剖の承諾書の提出も求められたという。

警察庁が公表した「都道府県別の死体取扱状況」（令和元年）という報告書に載ってい

る解剖総数を都道府県別にみると、現在も監察医制度が続く東京23区、大阪市、神戸市を含む東京、大阪、兵庫の解剖数は他の道府県に比べて多い。

前述したように監察医制度下では、異状死の解剖は公費で行われているからだ。12人の監察医と51人の非常勤監察医を擁する監察医務院がある東京（警視庁）では3710件の解剖が行われ、大阪は1305件、兵庫は1918件となっている。

だが、全国でダントツの1位は、神奈川で解剖数は4318件となっている。

死体取扱数のトップは東京の2万1594件、次いで大阪の1万2309件、神奈川は3位の1万2282件だ。しかし、解剖率に換算すると、東京の17・2%、大阪の10・6%の倍以上、35・2%となっている。

一方、解剖率の最も低い広島県は1・2%（死者3183人中、解剖は39人）、大分県は3・3%（1168人中、38人）と大きな地域差が生じていた。

神奈川県では司法解剖以外は遺族の負担となるが、司法解剖は668件しか行われていない。

「なぜ、こんなに解剖数が多いのか。〝黒幕〟はいったい、誰なのでしょうか？」

若林元県議はこう疑問を呈した。

葬儀社幹部の告白

神奈川県の葬儀会社Aで幹部を務める斎藤隆さん（仮名）を取材したところ、そのカラクリを教えてくれた。

「実は神奈川県内の司法解剖以外の調査法解剖のほとんどをX研究所が担っています。X研究所は年間、約4千件の解剖を手がけ、大もうけしていると問題化したこともあったんですが、神奈川県警は今でも異状死体があがるとほとんどの場合、『X研究所に持っていって』と指示してくるのです」

前述した若林元県議は議会で質問する前、情報公開請求で「監察医業務実施状況」という記録を入手していた。記録によると、X研究所は2006年、神奈川県で行われた解剖の85％を担当していた。

斎藤さんが勤める葬儀会社Aは長年、神奈川県警の指定業者で、異状死とされた遺体をX研究所や大学医学部の法医学教室などへ運び、葬儀を取り仕切る仕事をしていた。

なぜ、葬儀社が先にお客さんの死体検案代や遺体の運搬費を立て替えて支払い、請求するのかと問うと、斎藤さんはコーヒーを飲みながら淡々と説明した。

「生活保護を受けている人、身元不明の行旅死亡人、身寄りのない人など中には検案代や解剖代を支払ってくれないお客さんも結構います。市区町村が葬祭扶助で払ってくれる場合もありますが、横浜市は基本、お客さんから支払ってもらうというスタンス。その場合、葬儀屋がかぶって泣くことになる。支払いはすべて現金なんでいつもわれわれはポケットに現金を入れて監察医や先生方のところに出入りしているんです。お客さんに高いと怒られますが、いろいろとお金がかかるので仕方ないんです」と斎藤さん。

警察御用聞き葬儀社のスキル

斎藤さんはこの道40年のベテランで神奈川県警の所轄の刑事やX研究所とのつきあいも長い。

「われわれのような警察の御用聞きの葬儀社はスキルがないとダメなんです。例えば、警察から雑木林の中で首つりの遺体があると電話をもらうと、現場に一緒に行き、われわれが木のロープを切って遺体をおろし、警察署の霊安室へ運んだこともあります。あうんの呼吸でテキパキやらないと刑事さんに怒られます」

そんなことまで葬儀社がやるのかと驚いた。

新人の女性警察官は失神した

X研究所は横浜市の外れにある工場地帯の真ん中にポツンとあった。外観は倉庫のような建物で大きなシャッターはいつも閉まっており、中の様子はうかがい知れなかった。警察官専用と記された広い駐車場が脇にあり、神奈川県警の車が頻繁に出入りしていた。

斎藤さんはX研究所へ遺体を運び、解剖を手伝った時の話もしてくれた。

「あそこはシャッターの奥に3台ぐらいの解剖用の作業台がズラリと並んでいます。解剖がはじまると、血を抜いて肝臓、腎臓を取り出し、写真を撮ってグラム数をはかる。頭部の皮をはがし、電気ノコギリで頭蓋骨を割り、脳の写真も撮るんです。人手が足りない時、作業が終わるとわれわれが臓器を体に戻し、たこ糸で縫うこともあった。血糊もホースの水で洗い流したりしましたね」

その光景を想像し、私はしばらく黙り込んでしまった。

「遺体や臓器を見て平気なんですか?」

斎藤さんにこう尋ねると、「横で見ていた新人の女性警察官は失神したこともありましたよ。われわれは仕事なのでもう見慣れた光景ですけど……」とにべもない。

Ｘ研究所の門の前の通りには午前7時ごろから遺体を運ぶ寝台車が多いときで15台以上、ズラリと並ぶという。

「大学の法医学教室は事件性のある司法解剖以外、あまり引き受けたがらないし、お願いしても解剖に時間がかかる。その点、Ｘ研究所は司法解剖はやらないが、それ以外は何でも引き受けてくれ、すぐやってくれるので神奈川県警は重宝していた。朝一番からフル稼働し、1日10～30体の解剖をスピーディにさばく。高齢者の孤独死の場合、『生存確認日は？　病歴は？』と先生が簡単な質問だけして急性心不全と死体検案書に書いて終わり。死後、経過していたら正直、死因なんてよくわからないですから……。証拠を残すのが嫌なのか、検案書はコピー不可となっていました」

検案や解剖は自由診療なので費用は医師のランク（大学教授、解剖数が多いなど）によって違うという。

葬儀社に天下る警察ＯＢ

「Ｘ研究所の今の死体検案代は4万5千円。解剖代は9万円からですが、大学の法医学教室はもっと高い値段になるので実は標準価格なんですよ。しかし、その値段は近年はどんどん値上がりしている。今は医者の言い値ですが、厚労省など行政がきちんとルールを決めた方がいい。自由診療なんで無法地帯です。正直、4万円以上も遺族からもらうなら、もう少しちゃんと検案した方がいいんじゃないかと思うこともあります」

斎藤さんによると、X研究所の院長は車が趣味で自宅の豪邸の車庫にはベンツなどの高級車がズラリと並んでいたという。

「X研究所は一般診療はせず、検案解剖のみを専門的にやり、かなり稼いでいます。スタッフとして神奈川県警OBも雇っていたのでオフィスではマル害（被害者）など警察用語がしょっちゅう飛び交っています。天下りするのは現場の鑑識課の人や刑事たち。県警幹部は実務で役に立たないですから……」

警察OBが天下るという構図は葬儀社も同じだった。

神奈川県警と葬儀社の癒着

2021年10月に異状死体の搬送をめぐり神奈川県警の警部補と葬儀社の幹部が贈収賄《ぞうしゅうわい》の疑いで逮捕され、有罪判決を受け、業界に激震が走った。

起訴状などによると、大和署刑事1課に所属していた警部補は2019年3月ごろから

2020年1月ごろまでに、異状死体を搬送する際、同僚の元警部補の妻が実質的に経営する葬儀会社（同県大和市）を優先的に遺族に紹介するよう依頼を受け、見返りとして現金計127万円と商品券137枚（計68万5000円相当）を受け取った。

前述したとおり、神奈川県警では異状死体が出ると、警察署や検視などをする医師の元への搬送に加え、その後の火葬場や斎場への搬送は、いずれも葬儀会社に依頼するのが慣例だ。

横浜市で母親が亡くなった平野さんのように遺族は葬儀会社からいきなり領収書を渡され、遺体運搬費や検案料などを現金で支払うよう要求される。

公判では、こうした癒着を背景に、葬儀会社と警察の間で商品券などのやり取りが常習的に続けられていた実態が明らかにされた。

葬儀社Aの幹部を務める斎藤さんも現場の刑事たちに「お清め代」として現金やビール券を渡したことがあったと告白する。

「県警の偉いさんが署に来るからビール券をあるだけ持ってきてくれと頼まれ、慌てて持っていくこともありました。摘発された署だけではなく、神奈川県のほとんどの署で同じことが行われていた。そして、うちでも当たり前のように県警OBが天下り、働いていました。ぶっちゃけ、神奈川県警の風紀はゆるい。われわれ葬儀業者だけでなく、やくざと癒着している捜査員もいたが、表沙汰にはならなかった。神奈川県は全国的に孤独死、水死、自殺、他殺などの異状死体が小田原、横浜、川崎、横須賀などで多くあがり、県警に食い込んで遺体の運搬から葬儀までを仕切れれば、メリットが大きかった。だからわれわれは食い込もうと必死で営業していました」

神奈川県警と葬儀業界の蜜月も贈収賄事件の摘発と新型コロナウイルス禍で終わりつつあるという。

「県警と葬儀会社の癒着が表沙汰になり、今ではお客さんにリストを見せて葬儀業者を選ばせるようになりました。事件が発覚する前まで神奈川県警が勝手に葬儀社を選んでいましたからね……」と斎藤さん。

県警は贈収賄事件後、遺体搬送用の専用車両などを増やす計画を明らかにした。県警によると2022年から遺体運搬は警察車両で行っているという。

斎藤さんが勤める葬儀社は遺体を預かったり、運搬したりするために10体ぐらいを収容できる大型の冷蔵庫を完備していた。

ある日、漁船の衝突事故があり、外国人の水死体を3体預かったが、当該大使館が本国へ返す許可をなかなか出さず、結局、3カ月間も預かったという。

「その費用は大使館、県警、どこも出してくれず、うちでかぶることになりました。遺体の運搬の仕事がなくなったうえ、コロナでお通夜、葬儀をやらない直葬が増えたので、もはやわれわれが警察に賄賂を贈るメリットもあまりないですね」

一方、X研究所院長は取材に対し、「うちの検案料や解剖費は標準価格。大学医学部に比べると半分ぐらいの値段で、横浜市の綱領が安すぎる。一部では綱領価格で受けているものもある」と話す。解剖件数に関しては「年々、減っており、2022年は3163件で約75%。今年はさらに下回るだろう。腐敗した遺体の死因などは難しいが、これまで年に数日しか休みを取らず、仕事をして解剖率を上げ、県警の死因究明に貢献してきた」と主張した。

葬儀社のスタッフに縫合などを手伝ってもらったのは数年前で現在はしていないという。さらに県警OBの雇用について「捜査のプロである捜査一課、鑑識課OBに手伝ってもらい、専門性を高めている」と語った。

神奈川県警にもX研究所との関係や葬儀社との関係について取材を申し込んだが、「X研究所と葬儀会社などの取引は関知していない」との回答だった。

5人に1人が異状死する時代

厚生労働省の「人口動態統計」によると、21年に死亡した人の数は約144万人。うち自宅で亡くなった人は17・2％。19年は13・6％、20年は15・7％と年々、伸びている。超高齢社会で病院が病床数を減らしたり、コロナ禍の影響で在宅死が増えたことも影響している。

元日本法医学会理事長で福岡大学医学部法医学教室の久保真一教授は在宅死の増加とともにさらに異状死が増えると指摘。「現在は8人に1人が異状死と判断されている。近い将来その数は飛躍的に増え、5人に1人になる」と話す。

異状死とされた人の死因を究明する解剖の重要性が高まる中、解剖医は全国で200人ほどしかいない。

人手は足りず、そのあり方や地域格差など問題は山積みになっている。

久保教授はこうした現状を変えようと2020年4月に施行された死因究明等推進基本法の制度設計にも携わった。

この推進法ができ、地方公共団体は死因究明のため、地方協議会を設け、解剖や検査を行う体制や死体の運搬手段の確保などを議論し、指針やマニュアルなどを策定することが定められた。

前述した平野さんは自身の体験を交えてこう語る。

「家族が異状死扱いになると遺族は事情がわからぬまま、さまざまな事態に直面します。事前の知識や情報があれば、警察がなぜ事情聴取をするかも理解できるので、精神的に辛い思いをする遺族も少なくなる。誰にでも起こりうる異状死について、日頃からもっと理解を深めておいたほうがいいと思います」

どうすれば、異状死は避けられるのか。

久保教授によると、自宅でみとる場合、かかりつけ医との連携が不可欠だという。自宅で死亡、または容体が悪化した場合、かかりつけ医をすぐ呼び、みとってもらう。救急病院に搬送され、死亡確認された場合でも、救急医とかかりつけ医が連携し、死因の判断をすれば、異状死として警察に届けずに済むケースも多くなる。

冒頭で紹介した手紙をくれた女性読者は101歳の母親を自宅でみとった際、「息をしていないのに気づき、かかりつけ医を呼んだ」という。その医師に死亡診断書を書いてもらい、異状死にはならなかった。

〈金銭的にも精神的にも母の弔いは本当にスムーズに進みました〉〈多くの人が〝終活〟

と言っているけど、渡邉みどりさんのように思うようにならないエンディングが多々あるように思います。いろんな例を知ることが大切かと思います。現在、ひとり暮らしの多い生活状況にあうように昔を引きずったままの法制度は変えていくべきと思います〉と女性の手紙にはつづってあった。

多死時代の到来で人生の最期も法的に考え直す時が来ていると久保教授も話す。

「警察の捜査ではなく、医療としてみとる体制づくりが急務なのです」

第四章　増える無縁遺骨

■大阪の火葬場に並ぶ無縁遺骨が過去最多

「部分収骨」と「全収骨」

全国の市区町村の中で最も「無縁遺骨」の引き取りが多い大阪市。その南部にある市立瓜破《うりわり》斎場（平野区）は、火葬炉30炉を持つ、全国で2番目の規模を誇る。

3万平方メートル以上ある広大な敷地内に火葬場、斎場、管理事務所や駐車場などが点在する中、9月下旬の夕方、質素な霊柩車《れいきゅう》が火葬棟の正面玄関の脇にある入り口に停車した。棺を担ぐのは、葬儀社の男性と火葬場職員の2人だけだった。

遺体を引き取る人がおらず、行政に委託された葬儀社によって荼毘に付されるという。

こうした遺体は火葬が混み合う昼間を避け、朝早くか夕方にひっそりと運び込まれるという。

その後、火葬場の職員らが遺骨を拾い、高さ20センチほどの小さな白いつぼに納める。西日本では「部分収骨」が一般的で、できるだけ骨の形を崩さず、頭骨や背骨、骨盤、手足、のど仏など主要な骨だけを拾い、容器に入れ、入りきらない骨（残骨灰）は火葬場に残し、処分するという。

一方、東日本はほとんどすべての遺骨を骨つぼに入れる、「全収骨」と呼ばれるスタイルが多く、東西で実は骨つぼの大きさ、スタイルなどが異なるのだ。

9人に1人が無縁遺骨に

大阪では火葬場の裏に「遺骨保管室」と記された倉庫のような殺風景な部屋があった。中に入ると、部屋いっぱいに高さ約2メートルのステンレス製のキャビネットが6台ほど置かれ、8段にわかれた30センチ幅の棚に骨つぼが約2千個、ズラリと並んでいた。骨つぼには赤字で4桁の整理番号、氏名、火葬日、取り扱い葬儀業者が記された紙のラベルが貼られており、2023年7月と火葬されたばかりの遺骨も多く並んでいた。

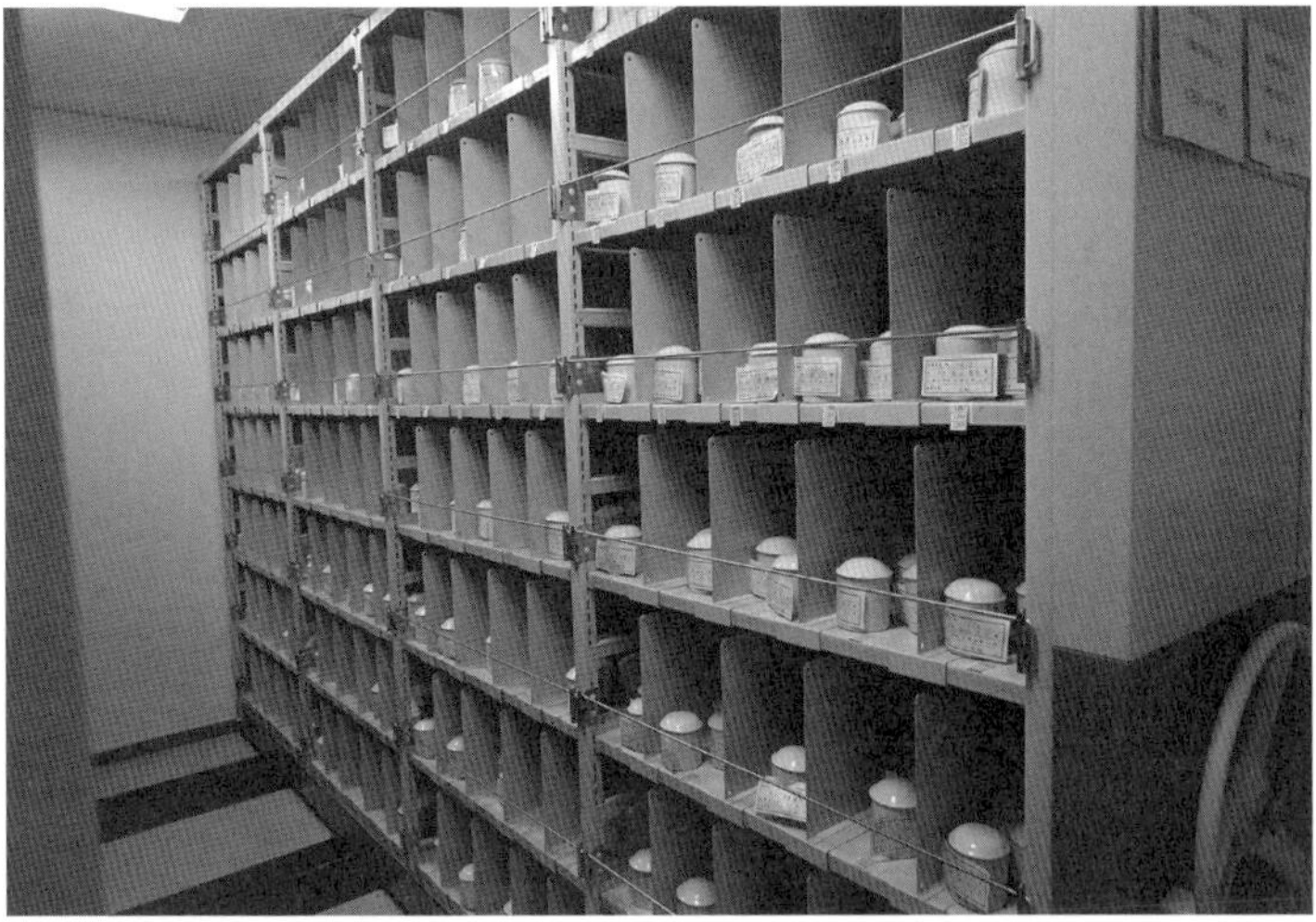
保管庫の棚に並んだ遺骨

本人の名前や本籍地などが分からない「行旅死亡人」と呼ばれる身元不明者は見当たらない。キャビネットに収められた骨つぼは1年間、ここで保管され、親族など引き取り手が現れるのを待つのだ。

「戸籍調査をして連絡しても遺骨を後で引き取りにくる親族は年に数人ほどです。引き取るつもりがあれば、火葬場のお骨拾いに来ますから……。9割以上は無縁遺骨となります」（大阪市環境局斎場霊園担当）という。

大阪市はこうした引き取り手のない遺骨を瓜破斎場など5カ所にわけて保管、管理し、1〜2年を経過したものは阿倍野区にある大阪市営の南霊園にある無縁堂に移して合同埋葬する。南霊園の奥にある真新しい慰霊碑の後ろには、かなり年季のはいった仏像が並んでいた。毎年9月に「無縁遺骨」の慰霊祭を行い、まだ残暑が残る9月末に南霊園を訪れると、無縁堂に多くの花が供えられ、水を墓石にかける女性の姿もあった。

「無縁堂の地下が満杯になったので新しく拡張しました。これからも無縁遺骨は増えるのではないでしょうか」と前出の斎場霊園担当者は話す。

実際、大阪市の「無縁遺骨」は年々、増加し、2023年10月現在で過去最多となっていた。毎年8月に集計し、2021年は2767柱、2022年は3149柱、2023年はすでに3408柱となっている。1990年には無縁堂に安置された遺骨は336柱で、33年間で10倍以上になっていた。

同市の人口動態統計によると、2021年の死亡者は3万1503人なので9人に1人の割合で無縁遺骨となっている計算だ。そして無縁遺骨となった人の9割以上の葬祭費は行政が負担していた。

■東京の納骨堂にある約8千柱の無縁遺骨

遺体60体を保存できる巨大な保冷室

練馬区小竹町にある「江古田《えこだ》斎場」に隣接する聖恩山《せいおんざん》霊園の納骨堂などには現在、約8千柱の無縁遺骨が保管されている。

斎場と霊園を運営する東京福祉会は1919年に生活困窮者の葬儀を援助するために設立された社会福祉法人で、葬祭扶助が適用される葬儀を年間2500件（都内全体の3分の1）、施行している。8月7日に岸田首相が豊島区役所を視察した時、大山豊・江古田斎場長が葬祭扶助や無縁遺骨の増加についてレクチャーした。

葬祭扶助費として支給されるのは約21万円でその範囲で遺体の運搬、保管、棺、火葬、納骨までを行うので、葬儀や通夜をしない火葬場での直葬となる。

「福祉事務所から連絡があり、身寄りのないご遺体を病院や警察までお迎えに行き、火葬日まで保冷室で預かります」と大山斎場長。

江古田斎場には遺体60体を保存できる巨大な保冷室がある。中を見せてもらうと預かった日付が昨年（2022年）12月と記された遺体があった。身寄りのない人の遺体で警察の要請で今も預かっているという。

葬祭扶助の火葬費が600円（7歳以上）と格安の公営の瑞江《みずえ》葬儀所（江戸川区）はいつも満杯なので火葬の予約が取れるまで遺体を1～2週間、ここで預かることも多い。都内の火葬場のほとんどは民間なので火葬費は葬祭扶助でも約3万9000円と割高になるが、一日5～10件の葬祭扶助の葬儀が入るなどやむを得ない場合は民間の火葬場も使う。

火葬後、遺骨が入った骨つぼを遺族が引き取るケースは4割ほど。2022年では郵送で遺族が遺骨を引き取ったケースが233件もあった。残り6割は引き取り手のない無縁遺骨として納骨堂で保管される。

「遺族がいない場合、私たちが病院や警察、自宅などにお迎えにあがり、火葬後のお骨拾いもする。骨つぼを持って帰り、ここの納骨堂に保管します」と大山斎場長。

納骨堂などの施設で預かる無縁遺骨は年間1400～1600柱で、5年間保管して引き取り手がなければ、埼玉県入間郡にある「第二聖恩山霊園」の無縁合祀墓に移す。

納骨堂の内部を見せてもらったが、引き取り手のない遺骨は納骨堂の一番下か、上にある引き戸の中に納められていた。大きいつぼと小さい三寸つぼの二種類があったが、「1

江古田斎場1階にある遺体の保冷室（写真は一部加工しています）

納骨堂の下の棚に置かれた無縁遺骨。
1年後、小さいつぼに移し替えられる

年目は大きいつぼのまま保存しますが、2年目になるとスペースをとるので三寸つぼに移し替えます」と大山斎場長。

納骨堂に遺骨が入った骨つぼを遺族が引き取りにくるケースはほとんどない。

同課長で葬祭ディレクターの奥野久美子さんによると、最近は遺骨を引き取った遺族が亡くなり、自宅に置きっぱなしになった遺骨が発見されたので引き取ってほしいと福祉事務所から依頼されるケースも毎月1件程度、あるという。

「亡くなった方と引き取った遺骨の2柱をお預かりしますが、こうなると遺骨を取りにくる方はほとんどいません。数年前は足立区の無縁遺骨を保管していたお寺の後継者がいなくなり、廃寺になるのでその無縁遺骨を引き取ってほしいという依頼もありました」と奥野さん。

埼玉県にある納骨堂はまだ余裕があるが、無縁遺骨が増えるといずれいっぱいになるのではないかと大山斎場長は危惧している。

■無縁遺骨の行き着く先

身元がわかっていても無縁納骨堂に

神奈川県横須賀市の丘の、地形を利用してつくられた貯蔵庫の奥には、無縁者のための納骨堂がある。進入禁止のロープの先にある入り口のシャッター前に「無縁」「霊」などの文字が彫られた地蔵菩薩《ぼさつ》が番人のように建っている。手をあわせて中に入ると、洞窟のようにヒンヤリとしていた。真っ暗なので懐中電灯で周囲を照らした。

コンクリートで固められた広い四角い部屋に置かれた簡素なステンレス製の棚にさまざまな骨つぼが所狭しと並んでいる。桐製の骨つぼや菊の刺繡《ししゅう》が施されたシルバーの骨箱、紙袋に入ったままのものなどさまざまだ。

江戸時代から港町の浦賀（現・横須賀市）には、村が管理する無縁者のための納骨堂があった。平成に入り横須賀海軍墓地があった馬門山《まもんざん》墓地にも、市が新たに合葬墓をつくった。ここもやがて満杯になったため、2018年に浦賀と馬門山を閉じ、一部を新納骨堂へ移し、残りは供養したうえで残骨灰処分事業者が処分した。

神奈川県横須賀市内にある納骨堂。洞窟のように真っ暗な室内には骨つぼや骨箱がぎっしりと並ぶ（写真は一部加工しています）

かつては無縁納骨堂に納められるのは行旅死亡人とされる身元不明者がほとんどで、骨つぼなどには番号が振られていたという。だが、現在は、担当したケースワーカー、預かった年月日、名前などが記された紙が貼られている。身元がわかっていても引き取り手がおらず、「無縁」となっている。

「今では9割以上、身元がわかっている人のお骨がここへやって来るんです」

詳しい場所は書かないという約束で横須賀市の無縁納骨堂を案内してくれた横須賀市終活支援センター福祉専門官の北見万幸《かずゆき》さんが教えてくれた。

「ここも一杯になるとどうするのですか？」と問うと、北見さんは持っていた懐中電灯の光で部屋の奥の空洞を照らした。

「この貯蔵庫は広いの。まだまだ保管するスペースはあります」

誰も葬儀をする人がいないときは、墓地埋葬法などを適用し、亡くなった市区町村が埋火葬する義務を負うことが決められている。市役所のキャビネットや倉庫などで遺骨を数年間、保管し、市の職員が住民票、戸籍などをたどり、親族など遺骨の引き取り先を探すが、拒否されたり、連絡がつかなかったりすると、横須賀市の場合、最終的にここに遺骨が運び込まれる。

人口約40万人の横須賀市では、引き取り手のない無縁遺骨は累計1800柱にのぼる。

2002年ごろから増えていったという。

北見さんの分析によると、無縁遺骨が増加した要因は大きく2つあるという。

1つは戦後の核家族化で親族が同じ地域でかたまって住むということが少なくなり、親族は遠くに分散し、ひとり暮らしの世帯が増加。さらに少子高齢化により、家族の支え手が減り、火葬をしてくれる人がなかなか見つからなくなったこと。

もう1つの要因は2002年ごろに普及した携帯電話だという。携帯電話と固定電話の契約数の推移を見ると、携帯電話は1994年ごろから普及しはじめ、2004年頃には固定電話を抜き、今は完全に逆転し、携帯電話しか持たない人が多くなっている。

「引き取り手のない無縁遺骨が増えはじめた時期と携帯電話が普及するタイミングは実は一致していると思いました」と北見さん。

いつでもどこでも電話ができる携帯電話は便利だが、やっかいな代物でもあるという。例えば、ひとり暮らしの高齢者が路上で倒れ、通りがかりの人が救急車を呼び、救急病院に運ばれる。

ところが、その高齢者が持っていた携帯電話にはロックがかかっている。高齢者の身元は所持していた身分証明書でわかったが、連絡を取り合う家族や親しい友人は誰なのかなどは、暗証番号を入れ、携帯のロックを解除しない限りわからない。

電話帳に多くの人の固定電話が載っていた時代であれば、104番にかけ、名前と住所を言えば、すぐに電話番号は判明していた。だが、固定電話を持たず、携帯だけを持つ人が増え、電話帳で連絡先が探せる確率は30分の1くらいに減ったという。

「携帯電話は健康な時は便利ですが、その人が倒れたり、亡くなった時、危険なのです。暗証番号がわからず、ロックされ、携帯が遮断されてしまえば、無用の長物になり、遺骨の引き取り先を探し出すことはかなり難しくなる」と話す。

横須賀市役所は毎年、50人前後の無縁遺骨を預かり、住民票などをたどり、親族の連絡先を探すが、そのうち10件ぐらいは電話番号がわからず、手紙を送って知らせたが、回答はほとんどないという。

■東京23区最大の「無縁遺骨」「異状死」多発地帯

9割以上は身元が判明

千円札ぐらい持っていけば、気の利いたつまみと酒を数杯は楽しめる大衆酒場を「せんべろ」と呼ぶが、東京都足立区はそのメッカとも言われ、日が高いうちから酒を飲んでいる高齢者の姿を見かける。

総人口約69万人のうち65歳以上の高齢者数は約17万人で、高齢化率は24・75％。東京都の平均高齢化率23・5％を上回る足立区は、23区内で最大の「無縁遺骨」「異状死」の多発地域だ。

毎年2月にはこの1年間、区内で亡くなった行旅死亡人など身寄りのない人の追悼式を区長や関係部署の職員が参加し、行っている。

行旅死亡人とは、身元が判明せず、遺体の引き取り手がない死者のことだが、その言葉の響きから旅行中に行き倒れになった人を連想しがちだが、実際は孤独死、病死、事故、自殺、他殺など様々なケースがある。

行旅死亡人は国が発行する官報で発表されるが、例えば、その詳細は以下の通りだ。

〈本籍・住所・氏名不詳、年齢60歳代の男性、身長169センチ、体格やせ型、灰色長袖上衣。上記の者は、2021年冬、東京都足立区○○町○番○号××号室で発見。死亡推定年月日は2020年秋頃。身元不詳のため遺体を火葬に付し、遺骨を足立区で保管。心当たりの方は福祉部福祉管理課まで〉

足立区のアパートの一室で発見された遺体は死後、数カ月が経過して発見されたため、損傷が激しく、住人と同一人物かどうか確定できないまま、荼毘に付されたという。

たとえ、自宅で死亡し、身分証明書を持っていたとしても証明書が示す本人だと断定できなければ、行旅死亡人扱いとなる。つまり、身寄りがいなければ、本人が死んでしまうと、その存在証明さえも難しくなるのだ。

だが、こうした行旅死亡人は最近、めっきり減り、9割以上は身元が判明している。身元がわかっても引き取り手のない無縁遺骨は毎年、増え続けている。

足立区内の無縁遺骨は2019年では82柱だったが、2020年は134柱、2021年は138柱、2022年では152柱まで増え、23区で最多となった。

「病院で死亡し、遺体の引き取り手のない人や身元はわかっているが、戸籍調査しても親族と連絡がつかない人などが増えている」(同区)という。

足立区では無縁遺骨は契約している区内の寺に5年間、預けて保管し、引き取り手がない場合、その寺の無縁墓に合同埋葬するという。

東京都監察医務院の調査（２０２０年）によると、足立区は単身世帯者の自宅で死亡したいわゆる「異状死」は５５１人に上り、23区で最多となった。うち65歳以上は３７８人、男性が２７３人と圧倒的に多く、死亡から31～90日が経過して発見された人は49人（男性42人、女性５人）もいた。

同区の葬祭扶助の件数も２０２０年で８１６件、２０２１年で９１２件となり、行政が葬祭費を負担するケースが増加している。

■取り扱いに苦慮する自治体

無縁遺骨6万柱という現実

全国の市区町村で管理・保管している引き取り手のない「無縁遺骨」は、2021年10月時点で少なくとも6万柱にのぼることが、前述した総務省の初調査で明らかになった。

報告書によると、5万4千柱は身元が判明しているものの引き取り手がない遺骨、身元がわからない遺骨はわずか6千柱だった。

報告書によると、無縁遺骨は市区町村の一室のキャビネットや倉庫、葬儀社の保管室、仏教寺院などの宗教施設、神社仏閣の納骨堂、遺品整理業者の倉庫、老人ホームの無縁墓などに保管されている。「自治体によって納骨堂に移った遺骨はカウントしていないケースもあり、実際はもっと多いとみられる」（同省）という。

取り扱いに苦慮しているようで、「親族への遺骨引き取りの意思確認の統一基準が決まっていないため、判断に困る」「無縁遺骨はどの程度の期間保管しておくべきか」「相続人になり得るのが3親等内なので意思確認しているが、回答をもらえないなど事務的負担が重い」「遺骨をいとこが引き取ることになった際に、本人が提出した戸籍謄本には親同士が兄弟であることまでは記載されていなかったため、市区町村で請求して確認したが、このような場合の戸籍入手は適切か疑問がある」という疑問や声などが寄せられていた。

保管から一定期間が経過したり、保管場所が満杯になったりした場合、骨つぼから骨を取り出して合葬したり、海洋散骨するという市区町村もあった。

さらにこんな要望もあった。葬祭扶助の金額（約20万円）の範囲で納骨（永代供養）まで行うことは難しく、金額内で納骨までしてくれる業者もあるが、合祀が多いという。「合祀だと遺族が万一、後で引き取りにきても渡せないので、骨つぼに入った状態で保管することになる。こちらの費用も対象にしてほしい」という要望が市区町村から寄せられていた。

法令上、引き取り手のない遺骨の保管に関する規定はない。

「今後も無縁遺骨は増加することが想定されることから、厚労省は遺骨の保管のあり方について市区町村に方針を示すべき」と総務省は指摘する。

葬祭扶助の支出総額110億円突破

経済的に困窮したり、身寄りがないまま亡くなった人などの葬祭費を自治体が負担する葬祭扶助（生活保護費）は年々、増加し、過去最多を更新し続けている。

葬祭扶助とは、遺族が困窮して葬祭費を支出できないケースのほか、自宅や病院などで亡くなった身寄りがない人に対し、家主や病院長など第三者が葬祭を執り行うと申請すれば、行政が費用を負担するというもの。

厚生労働省によると、2022年度は全国で5万2561件（速報値）となり、初めて5万件を突破。最多だった2021年度の4万8789件より約3800件も増加し、支出額も約110億円となっている。

都道府県別でみると、最多は東京都で9313件（速報値）。21年度より約900件増加し、こちらも過去最多となった。政令指定都市の最多は大阪市の5252件。こちらも21年度より312件増え、過去最多となった。

前述したように大阪市は無縁遺骨の数も過去最多となっている。

葬祭扶助費は都市部で1件約21万円と規定されているが、東京都で約20億円、大阪市で約11億円にのぼると見られ、財政を圧迫している。「困窮したり、身寄りのない高齢者が増加していることも影響している」(厚生労働省社会・援護局保護課)という。

葬祭扶助だけが増えるカラクリ

総務省の報告書によると、引き取り手のない死者の埋火葬のために適用した法律は葬祭扶助(生活保護法)が約9万3千件と圧倒的に多く、墓地埋葬法は約1万人に過ぎなかった。なぜ、葬祭扶助が突出しているのか。

報告書によると、市区町村が本来、身寄りのない人を葬る時、墓埋法を適用し、行政が火葬するのが妥当と考えても、あえて大家や友人に葬儀実施者になってもらい、葬祭扶助を申請してもらい、公費で葬るという不適切な事例が多数、掲載されていた。

これはどういうことなのか?

ある政令指定都市のベテラン担当者がカラクリを明かす。

「葬祭扶助を申請すると、その費用は国が4分の3を負担してくれるので市区町村と都道府県の負担は4分の1で済む。しかし、墓埋法を適用すると市区町村が全額、火葬費などを立て替え払いし、遺族にその費用の弁済請求をするのだが、多くの場合、支払ってもらえない。すると、市区町村は都道府県にその費用を弁済請求できることになっているのだが、これはあくまで建前であまり支払ってもらえない。都道府県は『遺族がいるならそちらに払ってもらえるまで請求すべき』『うちの県は弁済予算を確保していない』などと渋り、市区町村が費用をかぶるケースが多い。墓埋法の予算を市区町村はあまり確保していないので予備費を流用することも多い。すると、手続きが煩雑になるので、不適切でも葬祭扶助にして国に出してもらった方が楽となる」

都道府県の中には遺族、相続人がいる場合、特例をのぞき、市区町村が墓埋法を適用して全額立て替えた埋火葬の費用を弁済請求できないと明記しているところもある。

特例というのは亡くなった人から遺族がDVを受けたり、相続人が未成年であったり、遺族が亡くなった人の起こした犯罪被害者というかなりレアなケースだ。

「これでは都道府県に弁済請求するなと言われているようなもの。遺族、相続人が遺骨の引き取りや埋火葬の支払いを拒否する場合、圧倒的に多い理由は『絶縁状態だから』というものです。そういう遺族に支払いを求めても難しい」と市区町村担当は話す。

報告書の中には市区町村が遺族から回収できなかった葬祭費を都道府県へ弁済請求したものの突っぱねられ、泣く泣くあきらめた事例が相次いでいた。

葬祭扶助の増加に頭を悩ませる厚労省や総務省は相続人と連絡がつかない、疎遠を理由に弁済が見込めないケースでも都道府県の弁済の対象になりうるとしているが、「国は及び腰で法改正などできちんと決めてくれない限り、問題は解決しない」と市区町村のベテラン担当者はため息をつく。

そもそも墓埋法は１９４８年（昭和23年）制定の法律だ。

「法ができた時、引き取り手のない遺体というのは、身元不明者しかあり得ない時代で、身元がわかっていながら家族など引き取り手が誰もいないということは想定されていなかった。だが、高齢化と核家族化が進む今は引き取り手のない死者は増える一方で、現実的に対応できなくなっている。法改正をするべき」と先のベテラン担当者は指摘する。

内閣府「高齢社会白書」によると、日本の総人口（２０２１年10月現在）１億２５５０万人のうち、65歳以上は３６２１万人。

高齢化率は２０２３年、世界で最も高い29・１％となった。高齢単身者が増加し、男性で15％、女性では22％を占める。手遅れにならぬうちに、時代のニーズにあうようにすべきだろう。

遺留金使用の高いハードル

前述した総務省が公表した実態調査は、身寄りのない人が亡くなったあとに残した金品を、どう処理するかという問題にも初めて切り込んでいた。

身寄りのない人の「遺留金」は総額21億4955万9637円あり、全国の市区町村に埋蔵金として保管されていたことがわかったのだ。

2018年3月末の時点では約13億円だったので、3年半の間で8億4千万円も増加していた(2021年10月末時点)。

だが、保管する市区町村はルールが定まらない遺留金の対応に苦慮し、宝の持ち腐れとなっている様子が報告書に記されていた。

引き取る人がいない死者10万5千人のうち遺留金が残されていたケースは4万8479件、なかったケースは5万5424件だった。

亡くなった人が現金を残していれば、市区町村の裁量で葬祭費にあてることができるという。だが、預貯金の口座にあった場合、引き出そうとすると金融機関が相続人の存在を理由に拒むケースが報告書で報告された。

身寄りのない人の遺留金21億5千万円

前述した「無縁遺骨」などの対策の先進地、横須賀市でその舵取りを担う福祉部福祉専門官の北見万幸さんにも苦い経験が記憶に残っている。

市内在住のひとり暮らしの男性は、がんが見つかる78歳までペンキ職人として働き、翌年、79歳で亡くなった。

身寄りがなかったので市で戸籍をたどり、相続人の調査をすると、東北地方に親族がいた。連絡したが、遺体や遺骨の引き取りは難しいと言われ、墓埋法が適用され、公費で荼毘に付した。

遺品整理をしていると、火葬と無縁仏にしてほしいと書かれた遺書と銀行の預金通帳が見つかった。男性の銀行の預金口座に二十数万円が残されていた。

葬祭扶助の基準額は約21万円なので、口座のお金を充てれば弁済できた。

しかし、遺留金よりそのお金を口座から引き出すため、相続財産管理人を選任する行政手続きの費用のほうが高くつくため、口座に手をつけられなかった。

北見さんは、「行政の裁量では亡くなった方が残した現金しか扱うことができず、男性

横須賀市内にあるお寺の合同供養塔

の残した預金を使って思いをかなえることはできなかった。今は多くの人が銀行口座にお金を預けているので、遺留金の使用はハードルが高い」と振り返る。

引き取る人のいない死者の預貯金の扱いは法で明示されていない。

前述したように市区町村の葬祭費の負担が増加の一途をたどり、過去最高となっている。21億5千万円ある遺留金も有効に使おうと2021年3月、厚労省と金融庁など関係省庁は手引をつくり、「遺留金は死者の預貯金を現金化したものも含まれ、葬祭費に充当できる」と記した。

金融機関にも周知したはずなのだが、今回の調査で2021年4月以降でも14市区町村で52件、預貯金が引き出せなかったと報告された。

「引き出し依頼を行ったが、相続人または相続財産管理人以外は引き出せないと金融機関に断られた」

「本店の判断だと支店から断られた」

「厚労省の手引に記載されていない相続放棄の証明書類、相続人の同意文書などを金融機関に求められ、対応困難と判断せざるを得なかった」

引き出しを断った金融機関に総務省がヒアリングしたところ、「預貯金は相続以外で払い出すことは本来、困難。金融機関が払い戻しに応じた責任を相続人から追及されるリスクがある」と弁明していた。総務省に対し、多くの金融機関は今後、手引に基づき払戻請求に応じる意向を示している。

市区町村は遺留金を使うために相続人を探す調査をするが、地縁や血縁が薄れ、多くは難航している。そうなれば、最終的には遺留金は国庫に納めることになる。

松本剛明総務相（当時）は2023年3月、遺留金を葬祭費として円滑に使えるよう、厚労省と法務省に対し、市区町村、金融機関へ周知するよう勧告した。

厚労省も関係省庁と連携し、相続人の意思確認なしに、市区町村が葬祭費として預貯金を下ろせるよう法的根拠を明示し、改めて周知するという。

死に逝く人が弔いのために残した遺留金が国庫に行ってしまうことがないよう明確なルールづくりをしてもらいたいものだ。

■数千万円の財産を残したまま孤独死

官報に記された驚きの事実

2022年冬、東京都豊島区内にある一戸建てに住む70代の男性が「孤独死」した。警察から連絡を受けた同区生活保護課は戸籍調査などを実施したが、男性は独身で子どもはおらず、親やきょうだいもすでに他界して遺体を引き取る人がいなかったので墓地埋葬法で葬った。この時、男性が所持していた現金は数万円で区が埋火葬として13万円を立て替えた。その後、男性の遺留金の調査をしたところ、銀行口座には数百万円の預金があり、自宅の土地や建物も男性名義で数千万円の資産価値があったため、検察官の申立てによって家庭裁判所が相続財産清算人を選任した。

「清算の費用と区が立て替えた13万円を清算すると、残りの預金と自宅の土地と建物を売却した財産はすべて国庫に入ることになります」(同課)という。

男性の遺骨は引き取り手がなければ、無縁遺骨となり、やがて区が管理を委託する寺の無縁墓に共同埋葬されるという。

実は前述した行旅死亡人の中にも大金を持ったまま、亡くなり、相続人すら探せない状態というケースが多い。行旅死亡人は年間、600～700件が官報に記されるが、官報の中には驚きの記述もあった。

〈本籍（国籍）・住所・氏名不詳、年齢75歳ぐらい、女性、身長約133センチ、中肉、右手指全て欠損、現金約3400万円

上記の者は、2020年4月、兵庫県尼崎市のアパート玄関先にて絶命した状態で発見された。死体検案の結果、同月上旬頃に死亡。遺体は身元不明のため、尼崎市の斎場で火葬に付し、遺骨は同斎場にて保管している。お心当たりのある方は、尼崎市南部保健福祉センターまで申し出て下さい〉

この行旅死亡人の女性の謎に満ちた半生を共同通信記者らが追ったノンフィクション『ある行旅死亡人の物語』（毎日新聞出版）は記憶に新しい。

行旅死亡人が多額の資産を残して亡くなったケースはまだある。

〈本籍・住所・氏名不詳、40歳位の男性、身長168センチ、痩身、黒短パン、現金約2千万円、財布2個、黒小銭入れ、オッズカードなどを所持。

上記の者は、2016年9月、大阪市●●区○○で発見されました。死亡は同8月頃（推定）、死因は縊死の疑いで検視の上、火葬に付しました。心当たりの方は当区役所生活

保護業務主管課まで〉

〈本籍・住所・氏名不詳、推定50歳から70歳の男性、身長150センチメートル位、痩せ型、面長、着衣、青色チェック柄長袖パジャマ、白色半袖シャツ、青色チェック柄長ズボンパジャマ、紺色トランクス、所持金品は現金約1700円、財布2個、カード入れ4個、キーケース1個、診察券1枚、社員証1枚など。

上記の者は、2018年9月に名古屋市●●区○○丁○番にて死亡していたのを発見されたものである〉

〈本籍・住所・氏名不詳、大阪府●●市×丁目○○に居住、自称、大幡聖子（仮名）と名乗る女性、自称、昭和8年生、所持金品は現金約730万円、外国紙幣数枚、預金通帳、診察券、携帯電話、財布、ポーチ、手帳など。

上記の者は、2013年夏、住居内で死亡しているところを発見されたもので、数日前に死亡したものと推定されます。警察署の調査でも本人であることが確定されないため、身元不明につき遺体は火葬に付し、遺骨を保管しておりますので、心当たりの方は当市生活福祉課まで申し出てください〉

地縁や血縁が薄れた都会では資産があってもなくても官報に載った行旅死亡人を親族が引き取るケースはあまりないという。

遺骨を火葬場で処分する「0葬」～新しい弔い

全国で増加する引き取る人のない死者を「0葬《ゼロ》」で行政が葬ることを提唱するのは、宗教学者で日本女子大学教授などを歴任した島田裕巳さん（69歳）だ。

0葬とは、通夜や葬儀は行わず、火葬が済んだら遺骨を持ち帰らず、火葬場で処分してもらう。お墓も不要という新しい弔い方だ。NPO法人「葬送の自由をすすめる会」会長を務めた島田さんが提唱した。

西日本では遺族が遺骨の一部を持ち帰り、残りは火葬場が処分する「部分収骨」が定着していることもあり、0葬を受け入れるところが比較的多いという。だが、東日本など他の地域は、すべての遺骨を親族が持ち帰る「全収骨」と自治体が定めているところがあり、0葬ができないケースが多いとされた。「最近は関東でも0葬を引き受ける火葬場が増えている」と島田さん。

一般的な葬儀は、葬儀、火葬までを行うと3～7日かかるのが一般的だが、0葬は、火葬場の予約が空いていれば、早ければ2日以内に終わる。「市区町村は火葬場を持っているところが多いので、0葬であれば、費用は数万円で済み、負担を軽減できる」と語る。

引き取り手がない死者の火葬など葬祭費について行政が定める最低基準は約21万円だ。0葬は遺族の同意を得にくいと指摘されるが、「引き取る人がいない無縁遺骨であれば、行政が保管してもあまり意味がないのではないか」と疑問を投げかける。

日本人は遺骨に対する執着があると言われるが、火葬が主流になったのは戦後のことだ。島田さんによると、土葬の時代、庶民は土の中に葬られたまま、放置された。社会的な身分のある家だけが土葬された所と別の場所に墓を建てて葬られ、それを家の象徴とした時代もあった。少子化で家が継承できなくなれば、墓はいずれ無縁化する。

島田さんは「0葬はかつての土葬と同じ状態で、引き取る人のいない死者はあえて弔わないという選択肢もあっていい。どうしても供養したいのであれば、共同墓地などを建てればいい」と提案する。

第五章　ひとりでも無縁にならない

■終活登録の生みの親の奮起

「エンディングプラン・サポート」

横須賀市は2018年、国に先駆けて全国で初めて「わたしの終活登録」事業に乗り出した先進都市だ。発案者は当時、市福祉部自立支援担当課長だった北見万幸さんだ。

「最初は予算もほとんどもらえず、苦労したが、今の時代、必要だと思い、市長にお願いした」と振り返る。

全市民が緊急連絡先、かかりつけ医師、遺言書の保管場所やお墓の所在地などを無料で生前登録することができる。万一、本人が倒れたり、亡くなったりした場合に警察、病院、消防、福祉事務所など関係機関や、本人が指定した人に登録情報を開示する。10月末で568人が登録しているという。

2021年2月、90歳の男性が深夜に救急車で病院に運ばれた。「家族はいない」と男性が告げると、看護師から入院を断られそうになった。厚生労働省は急患を受け入れるよう病院へ通知しているが、救急現場でこうした対応はよくあるという。

意識があった男性が横須賀市が発行した「わたしの終活登録」のカードを病院に見せると、そこには身元引受人のめいやかかりつけ医の連絡先が記されており、入院できたという。

北見さんは「男性からおかげで命拾いしたというお礼の手紙が市役所に届き、やってよかったとうれしくなった」と話す。

北見さんが手がけた終活支援はもう1つある。

題して「エンディングプラン・サポート」だ。「わたしの終活登録」より3年前の2015年7月から始まった。

エンディングプラン・サポートは頼れる親族がいないひとり暮らしの高齢者に、葬儀から納骨までを約26万円で生前契約できる協力葬儀社を案内するという仕組みだ。市の職員

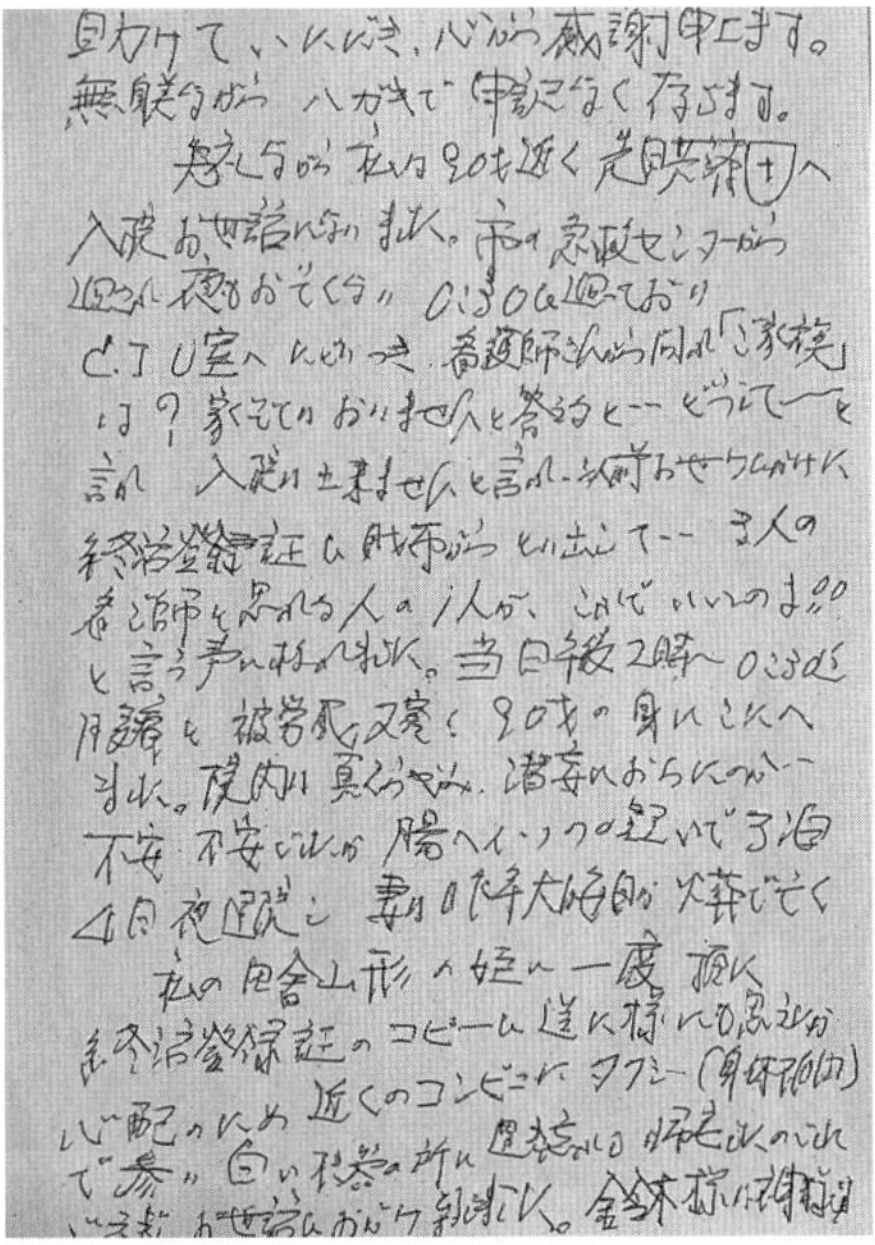
助けていただき、心から感謝申します。
無躾ながら ハガキで 申訳なく存じます。
[illegible] 私は90才近く [illegible] へ
入院お世話になりました。市の急救センターから
[illegible] 0:30に [illegible] ており
C.T.U室へ [illegible] 看護師さんから [illegible]「ご家族」
は? 家族はおりませんと答えると―― どうして――と
言われ 入院出来ませんと言われ [illegible]
終活登録証を財布から取り出して―― [illegible]
看護師と思われる人の1人が、これでいいのよ!!
と言う声にすくわれました。当日午後2時～ 0:30 [illegible]
腹痛と 疲労感 激しく 90才の身にこたえ
ました。院内は真っ暗やみ. [illegible]
不安 不安でしたが [illegible]
4日 夜退院し 妻は昨年大晦日に [illegible]
私の田舎山形の姪に一度 [illegible]
終活登録証のコピーを送って [illegible]
心配のため 近くのコンビニに タクシー([illegible])
で参り 白い [illegible]
[illegible] お世話になり [illegible] 鈴木様には [illegible]

救急車で運ばれた90歳の男性が横須賀市の終活登録の担当者へ送った感謝の手紙（北見万幸さん提供）

が契約に立ち会うほか、定期的に安否を確認する。死後、希望どおりに葬儀や納骨が行われたかも見届ける。

約3年前、81歳で亡くなった女性は「死んだら夫の骨つぼの隣に置いてほしい」と相談にきた。

子どもはおらず、頼れる親族もいない。女性は市に終活登録し、葬儀社と生前契約するなどのエンディングプラン・サポートを受けた。

2カ月後に亡くなり、遺骨は市内の寺の永代供養墓にある夫の骨つぼとひもでしっかり結ばれ、隣に安置されたという。

エンディングプラン・サポートは開始した2015年から2021年までの間、相談件数は1千件を超え、105人が生前契約をした。

うち39人がすでに亡くなり、プランが実施された。

北見さんはしみじみこう話す。

「核家族化で遺族の数も減り、離れて暮らしている人も多い。市民の最期のサポートを役所が行うシステムの必要性を確信できました」

日本福祉大学の藤森克彦教授（社会保障政策）もこう指摘する。

「生前からつながりをもてる地域を築くこと、死後の葬儀や家財処分などへの意向を確認する取り組みへの支援が重要ではないか」

東京都豊島区が23区で初の終活登録

サンシャインシティなど超高層ビルが立ち並ぶ東京・池袋。高齢者でにぎわう巣鴨。2つの街が位置する豊島区は、区と市では、ひとり暮らしの高齢者が日本一多い。国勢調査（2020年）によると、65歳以上の人口に占めるひとり暮らしの割合は約36％にのぼる。

東京都監察医務院の統計によると、単身世帯で自宅で亡くなる「孤独死」をした65歳以上の高齢者は、2020年に23区内だけで約4200人に達した。5年前より1千人以上も増えた。

豊島区の2020年の孤独死（65歳以上の高齢者）は137人。5年前は129人だった。区は「終活あんしんセンター」を開設し、2022年4月から23区では初めて、終活情報登録事業を開始した。

「横須賀市の『わたしの終活登録』についてテレビで見て、こうした制度ができれば、わたしも登録したいと思っていました」と5月末に終活登録した豊島区在住の女性（79歳）は話す。

子どもはおらず、数年前に夫を亡くした。有料老人ホームへの入居も考えたが、親族や友人がいる同区へ引っ越し、持ち家のマンションでひとり暮らしをしている。女性は、親族や夫の遺産を相続しており、海外で学校をつくる事業に寄付もした。「身内が少ないので、自分が死ぬと財産が国のものになったら困ると思い、元気なうちに遺言書を作成し、そのことも含めて登録しておこうと思った」と語る。

豊島区では緊急連絡先、献体の登録先、遺言書の保管場所などを無料で登録できる。登録カードを持っていると、病気・事故などで意思表示ができなくなった時や亡くなった場合、警察や消防、事前に指定した相手に登録情報が伝えられる仕組みだ。

女性は区から配布された「終活あんしんノート」に遺言書の保管場所や生命保険の受取人など自身の情報を書き込んでいる。「延命は望まない。自然死でいい。無宗教なので戒名もいらない。夫が亡くなった時に墓じまいをした。夫を散骨して見送ったので自分も散骨してもらいたい」

これまでに終活あんしんセンターには約1500件の相談が寄せられた。登録事業を利用したのは60~90代の18人（2022年10月末現在）。うち12人は女性だ。

区によると、身寄りがない高齢者の中には、1億円近い資産を残したまま、自宅でひとりで亡くなる人もいれば、生活保護を受けながらひっそりと亡くなる人もいるという。

東京都豊島区が終活登録を行っている「終活あんしんセンター」の相談窓口

豊島区が配っている「終活あんしんノート」や登録カード、ステッカー、しおりなど

終活あんしんセンターの運営を受託している豊島区民社会福祉協議会（社協）の天羽瞬一チーフは「ひとり暮らしの高齢者で認知症など支援が必要なケースが最近、増えている。身寄りがなく、区が後見人を申し立てるケースが以前に比べ、増加している」と話す。

1947～1949年に生まれた「団塊の世代」全員が2025年までに75歳以上の後期高齢者になる。あと2年あまりで認知症の高齢者や孤独死の増加などが顕在化するとされる「2025年問題」が待ち受ける。こうした中、終活支援の取り組みは都内の自治体に広がりを見せている。

社協による終活支援の広がり

練馬区も同種の制度の検討を始めている。20年には286人の高齢者が「孤独死」したという。

青梅市はすでに、葬儀や納骨などを任せられる親族等がいない独居または高齢者のみの世帯で一定の条件を満たす人に、葬儀の生前契約をサポートする事業を行っている。

社協による独自の終活支援も広がっている。2022年度から墨田区社協ではひとり暮らしの人を対象に、見守りから死後の手続きまでを有料でサポートする「すみだあんしんサービス」を開始した。契約時に契約支援料3万円と預かり金150万円を支払えば、3段階にわけて支援が受けられる。

足立区社協、中野区社協、品川区社協、文京区社協も同様に高齢者の見守り、入院時の対応、亡くなった後の事務手続きや遺言書作成などを有料で支援する事業を行っている。また、武蔵野市福祉公社、調布市社協も同様のサービスを提供している。

終活支援に詳しい日本総合研究所の沢村香苗研究員によると、全国で30以上の自治体と社協が終活支援に独自で取り組んでいる。

沢村さんは課題をこう語る。

「身寄りのないひとり暮らし高齢者の支援をどこの省庁が担当窓口になるかもまだ、決まっていない中、現場を持つ市区町村が国に先んじて対策に取り組んでいる。住む市区町村によって受けられる終活サービスに差が出ないよう国にも動いてほしい」

■孤独死ビジネス

孤独死に備えた保険契約の増加

一方で無縁遺骨や孤独死をめぐるビジネスは成長を続けている。ニッセイ基礎研究所の推計によると日本で1年間におきる「孤立死」は約3万件で、高齢化が加速する中、増加傾向にあるという。

2022年春、介護付き集合住宅に賃貸で入居していた70代の高齢男性から1、2カ月の間、何の連絡や依頼もなかったため、介護スタッフが部屋を訪ねたところ、異臭が漂い、部屋の真ん中辺りで亡くなっていた。不動産会社が遺族に連絡すると相続放棄する意向で遺体の引き取りなどを拒否したという。

不動産会社が警察や行政と折衝したうえ、遺体は行政によって火葬された。亡くなった男性は「孤独死保険」に加入していたので、部屋の清掃代や遺品整理代などすべて保険で支払われたという。

ひとり暮らしの高齢者が増えた賃貸マンション、アパートなどではこうして孤独死に備えた保険契約が増加している。入居時に保証人をつけない代わり、「孤独死保険」付きの家賃保証サービスへの加入が入居の条件となるケースもある。

孤独死保険、家賃保証などがパックになった「家主ダイレクト」を販売する「Casa」広報担当によると、入居者は初回保証料として入居の契約の際に家賃の半額分を支払い、その後は年額1万円を支払う。

同社はこの保険を16年に開始したが、2021年には契約が10万件を突破。2022年上半期で14万件を超えるなど急成長しているという。

リスクの高まる「単独世帯」「夫婦のみ世帯」

2022年11月に発表された孤独死現状レポート（日本少額短期保険協会など）によると、孤独死者の平均年齢は62歳と意外と若い。孤独死から発見までの平均日数は18日だという。死亡原因の7割近くが病死、孤独死は60歳以上の男性が圧倒的に多い。

孤独死の発見者は職業上の関係者が全体の5割。近親者は4割で血縁が薄くなりつつあることを投影していた。

また、孤独死が発生した際に生じる部屋の残置物処理費の平均額は約24万円で、汚損の原状回復費の平均額は38万円。家賃保証などとあわせると、損害の平均ベースは約90万円だという。

2020年の国勢調査によると、孤独死の予備軍ともいえる「単独世帯」は全世帯の4割、「夫婦のみの世帯」は2割で計6割まで増加し、リスクが高まっている。

こうした孤独死などの事件現場を片付ける首都圏の特殊清掃業者には毎年、冬と夏になると親族、不動産会社などからの依頼が急増するという。

これまで手がけた現場は約5000件にのぼり、近年は「孤独死保険」で部屋の清掃や遺品整理を請け負うことが増えたという。

数年前に横浜市の賃貸住宅でひとり暮らしの高齢者が孤独死した現場に出向いた時、汚物などが残されており、腐敗臭と混ざり合いかなり強烈な臭いがした。

まず部屋の除菌を行い、遺品整理や家財の搬出を行い、その後、床をはがし、汚染箇所を確認しながら床を解体し、貸せる状態に戻したという。

「家族がいても最後はひとりになる人が増えたのかなと思います。死は突然、やってくるもの。もしもの時には備えた方がいい」と業者は語る。

遺骨ビジネス～「ゆうパック」で送骨

東京都大田区南馬込にある鉄筋コンクリート4階建てのお寺「本寿院」では、3階に「お骨仏《こつぼとけ》」と呼ばれる遺骨でできた阿弥陀如来像の本尊が鎮座する。

お骨仏とは寺に納められた遺骨を集めて粉にし、セメントで固めてつくった仏像のことをいう。お骨仏は全国10カ所ほどにあるが、大阪市天王寺区にある一心寺の阿弥陀如来像がその元祖とされる。

2022年10月中旬、本寿院にゆうパックで真っ白い30センチ四方の段ボール箱が届いた。

箱の中には骨つぼや身分証明書などが同封されていた。送り主は神奈川県在住の50代男性。送られてきたのは、80代の父親の遺骨だった。

男性は20年以上、父親と連絡を取っていなかった。「孤独死した父親の遺骨を引き取ってほしいと行政に言われたが、自宅に置きたくない」という。

この葬儀プランでは送られてきた遺骨を2つにわける。一部は阿弥陀如来像の胎内に入れて永代供養し、残りは栃木県日光市などにある分院で樹木葬が行われる。

費用は1柱3万円で年会費、管理費は不要。同院から送られてきた送骨パックを受け取る際、代金引換で支払う仕組みだ。

本寿院の三浦尊明・住職は「親、親類の遺骨を引き取り、置き場所に困った相続人が送ってくるケースが多い。年老いたきょうだいが遺骨を引き取ったものの、法要をできないので送骨したいという相談もある」と語る。

同院では2016年から今までにお骨仏の申し込みは約1500柱あり、増え続けているという。最近は本人からの生前契約が急増し、全体の3割になっている。

ゆうパックが遺骨の送骨を始めたのは2007年だ。終活にくわしいシニア生活文化研究所代表理事の小谷みどりさんは「ここ数年、ゆうパックでの送骨が広がりをみせている」と指摘する。

インターネットには、「1柱1万〜3万円前後でゆうパックによる送骨を受け付ける」などの広告を出している寺があふれる。

本寿院では、供養も一部、オンライン化している。

2年前に80代の母親を亡くした60代の女性は、現在暮らしているスペインから、オンラインで三回忌法要に参加した。

母親は生前、愛媛県でひとり暮らしをしていた。頼れる親族はいない。母の遺骨がいず

大田区にあるお寺「本寿院」へゆうパックで送られた送骨セット。代金３万円は代金引換で支払うシステム

れ無縁になると考え、墓じまいをして実家を処分。遺骨を同院へ納骨した。

同院はオンラインでお参りができるネット霊園も開設している。

「核家族化が進み、墓じまいが増え、供養のあり方も多様化している」と三浦住職は話す。

親族だけが担う仕組みは破綻

「独身者や子どもがいない夫婦だけでなく、家族がいても親戚づきあいがなければ、最後に死んだ人は、無縁になる」

前出の小谷さんはこう指摘する。

高齢社会白書（2020年度）によると、人口が減少する中、65歳以上の高齢者が増え続けることにより2036年には高齢化率は33・3％になると試算されている。3人に1人が65歳以上の高齢者になる。

葬儀、納骨などを行う祭祀継承者は原則、親族が責任を持つとされているが、「少子化や高齢化で頼れる親戚がいない人が増え、親族だけが担う仕組みは破綻している」と小谷さんは言う。

厚生労働省によると、2022年の死者数は156万8961人で、戦後最多となった。

される。

「多死時代」に突入し、推計によると、死者数は2030年には160万人を突破するとされる。

小谷さんはこう主張する。

「自治体の終活登録などで本人の意思を確認し、親族以外の第三者でも死後事務手続きを速やかに実施できるようにし、公的機関が見届けるなどの新たな仕組みを考える必要がある」

長野大学の鈴木忠義教授（社会福祉学）は「今のままでは行政の負担は大きく、これまでの制度を見直す時期が来ている」と語る。国民健康保険の制度には葬祭費を5万〜7万円保障する項目もある。「誰もが最低限の弔いの保障をされ、安心して最期を迎えられる制度を構築するべきだ」（鈴木教授）。

■ひとりぼっち葬から他人葬へ

連帯保証を提供するNPO法人

無縁遺骨が増える背景には、家族や親族がいない人、いても頼ることができない人の増加がある。

これまでに50人以上の成年後見人（認知症などで判断能力が不十分な人の代わりに契約の締結や財産管理などをする）を務めた鹿児島市の司法書士・芝田淳さん（53歳）は、「ひとりぼっち葬」が多くなっている、と明かす。

数年前、億単位の財産を持ったひとり暮らしの高齢者の後見人を務めた。最期は高齢者介護施設で亡くなり、芝田さんが葬儀を執り行ったが、出席者は施設担当者だけだった。「財産の相続人はいましたが生前に確執があり、寂しい光景だった」と振り返る。遺骨はお寺に数年、預かってもらった後、永代供養の合葬墓に入るという。「成年後見人が身寄りの代替として利用されている現状がある」という。

芝田さんは２００７年に連帯保証人を確保できない人に対し、連帯保証を提供するＮＰ

O法人「やどかりサポート鹿児島」を立ち上げた。身寄りのない当事者たちが支え合う互助会的な組織「鹿児島ゆくさの会」などの設立も支援。それらの組織をバックアップする弁護士、司法書士、社会福祉士ら専門家が集まるNPO法人「つながる鹿児島」を2017年、立ち上げた。

会では、4～5人でグループになり、LINEで毎日、ひとこと発信することを目標に、互いに支え見守りあう。歩行が困難になった人へ買い物の支援や、ごみ屋敷にしてしまった人の家の大掃除もする。仲間が入院する際には病状の説明をいっしょに聞き、退院の時には迎えに行くこともある。延命治療など医療に関する考え方や死後の事務について、「つながるファイル」を作成し仲間と共有することもすすめている。

弔いあう身寄りなし高齢者

会員は現在、約130人。これまで数名の仲間が亡くなっている。「15人から20人ぐらいの仲間が見おくり、弔いあう。『他人葬』ですが、ひとりぼっちじゃない」と芝田さんは話す。

2020年の国勢調査ではひとり暮らしは全世帯の38%を占める。中でも65歳以上の単身高齢者は5年前の調査に比べ、13・3％増の約671万人となった。身寄りがないことは「今や第二のスタンダードと意識転換するべきだ」と芝田さんは言う。

社交的で友人もおり、社会的孤立はしていなくても、いざという時に頼りになる家族や親族がおらず、問題に直面することも多い。

社会制度の多くは、家族や親族などが手助けをする前提で構築されているからだ。

代表的なものが、①住居や入院などの連帯保証、②延命治療などの医療決定、③金銭管理、④死後対応の4つ。厚生労働省は病院や高齢者施設などに身寄りのない人を受け入れるよう通知しているが、実際は入院などを断られるケースもあるという。

厚労省は2022年、こうした問題に取り組む静岡県、長野県、同長野市、茨城県取手市、神奈川県藤沢市、大阪府八尾市、愛知県豊田市、高知県黒潮町、福岡県古賀市を「持続可能な権利擁護支援モデル事業」に指定し、助成している。

中でも注目されているのは2021年10月、長野市が成年後見支援センターに併設した『おひとりさま』あんしんサポート相談室」の取り組みだ。

長野市は身寄りのない高齢者が病院や施設に入る際、適切に契約できるよう専門家らとガイドラインをつくりはじめている。

また地域で身寄りのない高齢者が自立した生活を継続できるよう、医療決定、身元保証、

身寄りのない人同士の互助会「鹿児島ゆくさの会」で2022年6月に行った他人葬。20人の仲間が出席した（芝田淳さん提供、写真は一部加工しています）

金銭管理、死後事務手続きなどの包括的な相談支援を行っている。センターへはこれまでに1400件以上の相談が寄せられたという。

同相談室の森田靖子さんは「元気なうちに終活をはじめ自分の最期のためにお金をどう使うのか。頼れる身寄りのない方は、支えてくれる仲間をどうつくるのか。一緒に考えたい」と語る。

公民連携で生まれた「奇跡のキーホルダー」

ひとり暮らしの高齢者の増加とともに増える「異状死」は、明らかな病死以外の死をさすが、2021年に警察に届けられた件数は17万件を超えた。「異状死」を防ぐアイテムとして、東京都大田区でつくられた高齢者向けのキーホルダー「見守りキーホルダー」が全国で注目されている。

同区の地域包括支援センターが2009年からはじめた取り組みで、地域で暮らす65歳以上の高齢者が希望すれば、緊急連絡先や、かかりつけの医療機関、病歴、ひとり暮らしであるか否かなどの情報を区に登録でき、個別の登録番号が入ったキーホルダーが配布される。

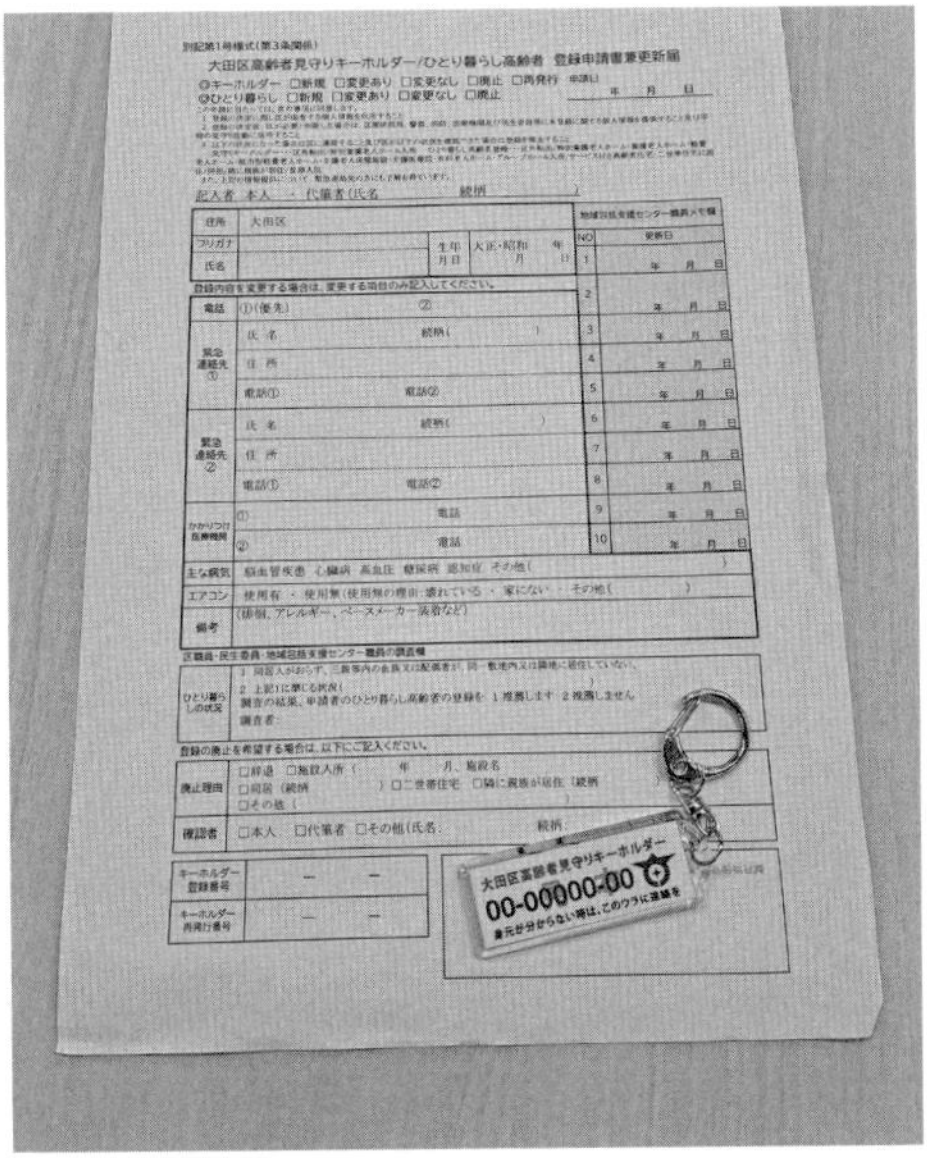

東京都大田区が65歳以上の高齢者に登録を呼びかける「見守りキーホルダー」と登録書類

大田区の65歳以上の高齢者は約16万7千人、65歳以上のひとり暮らしの世帯は約4万3千世帯（2020年の国勢調査）。登録者は2023年で3万6千人を超えた。

高齢者が登録番号入りのキーホルダーを身につけることで、自宅や外出先などで倒れても、医療機関や警察からの照会に対し、夜間、土日でもセンターが迅速に対応できる。登録情報を年に1回、誕生月に必ず更新することになっており、ひとり暮らしで介護の必要がない高齢者と地域包括支援センターの間につながりができる。

はじめは大田区の一部の地域包括支援センターの取り組みだったが、「高齢者から大きな反応があった」（担当者）という。2012年以降は大田区が事業化し、全域で登録ができるようになった。するとキーホルダーの見守り効果が続々と報告されるようになった。

自分の車いすの横で座り込んでいた80代女性

例えば、2022年8月にはタクシーに乗車した80代女性が、自分の住所がわからない様子だったのでタクシー運転手が交番に連れて行った。その後、警察官は女性が持っていた見守りキーホルダーを見て地域包括支援センターに連絡し、本人の住所などの登録情報を知ることができた。

同年8月、バス停で意識のない状態で倒れている70代男性を発見した通行人が救急車を呼んだ。身元がわからなかったところ、救急隊員が男性の身につけていた見守りキーホルダーを発見。地域包括支援センターに身元照会の連絡があり、家族の連絡先を知ることができた。

同年9月に警察官が交差点の隅で自分の車いすの横で座り込んでいる80代の女性を発見。警察官は車いすについていた見守りキーホルダーの番号から地域包括支援センターに身元照会したところ、住所などを知り、本人を無事、自宅に送り届け、家族に引き渡した。

大田区では2020年、65歳以上のひとり暮らしの高齢者356人が「孤独死」していた。特に社会的に孤立しやすい男性の死亡率が高く、235人にのぼる。区高齢福祉課は「ひとりでも多くの人に見守りキーホルダーを身につけてほしい。キーホルダーの効果がでている」という。

生みの親が語るキーホルダーが全国へ広まった理由

キーホルダーの「生みの親」は、同区内の地域包括支援センター入新井の関係者らが立ち上げた任意団体「おおた高齢者見守りネットワーク」(愛称「みま~も」)だ。

「みま〜も」発起人で、社会医療法人財団・仁医会・牧田総合病院地域ささえあいセンター長の澤登久雄さんによると、考案のきっかけになったのは、数年前に90歳で亡くなった女性だった。女性は子どもがおらず、大企業の重役だった夫を亡くした後、自宅に引きこもるようになった。

女性の行動がおかしいと友人から地域包括支援センターに連絡があり、女性宅を訪問。女性は認知症初期のような状態で毎日、自宅からタクシーで、以前知り合ったある男性に会いに行き、多額の金を渡していた。路上で迷うこともあったという。

澤登さんは成年後見制度の利用につなげたが、女性のように身寄りがなく、つながりの乏しいひとり暮らしの高齢者が急増している現状を何とかしたいと考えた。「われわれのような介護専門職はセンターで待っているのではなく、地域に飛び出し、高齢者らとわたしたちがつながれる仕組みづくりが必要と思い、キーホルダーを配ったら大きな反響が起こった」と澤登さん。

「みま〜も」システムは、厚生労働省が指定する地域包括ケアの実現可能なモデル事業として全国に広がっている。キーホルダーは問い合わせが相次ぎ、都内では、中央区、新宿区、渋谷区、品川区、港区、千代田区、板橋区、江戸川区、足立区、江東区、三鷹市、町田市、多摩市、福生市、武蔵村山市、あきる野市などで導入。埼玉県入間市、同白岡市、横浜市神奈川区、同市瀬谷区、神奈川県秦野市、栃木県野木町、群馬県太田市、茨城県土浦市、愛知県豊川市、大阪府枚方市、兵庫県太子町、大分県日田市、佐賀県小城市など、ほかに全国で約40の自治体が導入している。

「動けるうちは頑張る」

「みま〜も」は見守りキーホルダーの事業と並行し、地域の医療・福祉の専門家や警察・消防などの機関、企業らが連携し、大田区発の地域包括ケアシステムをつくるため、セミナー、イベントなどの活動もしている。協賛企業は50社を超え、サポータースタッフとして一緒に活動する高齢者は50人を超える。

澤登さんらは高齢者同士が気軽に集まれるように、栄養士らと一緒に「元気かあさんのミマモリ食堂」も運営している。

食堂をのぞいてみると、成田慶子さん（91歳）が元気にまかないの仕事をしていた。成田さんは40歳で夫に先立たれた後、2人の子どもを育て、現在は大田区内のマンションにひとり暮らしで、見守りキーホルダーを財布につけ、澤登さんらと活動。「動けるうちは頑張る」と語る。

食堂には小さい子どもを連れた若いお母さんたちも来ており、澤登さんや成田さんとは活動を通じて知り合ったという。奥の厨房では若い栄養士と一緒に野口ヨシ子さん（87歳）、久保由紀子さん（79歳）、抜田久美さん（79歳）も元気に働いていた。ワンコイン（500円）で食べられる定食を食堂で食べてみると、煮物と鶏肉の照り焼き、おにぎりと味噌汁などお袋の味が味わえた。

■「もしも」を考え「そのとき」に備えて

専門家のアドバイス

人生100年時代。今は孤立していなくても、家族に先立たれ、無縁になる可能性は誰にでもある。何かの事情で親しい人と疎遠になってしまうこともありうる。年を重ねれば、認知症になったり、歩行が難しくなったり、いつ体調に異変が起きるかもわからない。

どのような備えをしておけばいいのか？　以下、専門家のアドバイスを紹介する。

①生前に頼んでおく

終活で遺言などの準備をする人も増えた。孤独死保険などのビジネスも拡大し、郵送で遺骨の供養を受け付ける寺院もある。前述の辻千晶弁護士は遺言書をつくり、受遺者や遺言執行者を指定しても辞退される場合もあるので、生前にきちんと頼んでおく必要があるとアドバイスする。「身寄りなどがいない場合、火葬、納骨などについて、生前に信頼できる知人らとの間で死後事務委任契約をし、事務処理に必要な費用は預託金、遺贈などの方法で用意しておくといい」と語る。

さらにその知人との任意後見契約もセットにしておけば、死亡届、火葬許可申請などすべてその知人に任せることができる。

特に注意したいのは一軒家やマンションなど持ち家で身寄りなしの人が孤独死した場合だ。家主もいないので死亡届を出す人を探すのにさらに苦労するので、死後事務委任契約、任意後見契約も考えた方がいいという。

②自分が暮らす街の制度を確認

神奈川県横須賀市や東京都豊島区など終活支援をする自治体も各地で増え、こうした制度を利用すれば費用はそんなにかからない。「もしも」を考え、早めに自分が暮らす自治体の制度を調べ、「そのとき」に備えた方がいい。

③つながる力が大事

自分が住む自治体にそうした制度がない場合、どうすればいいのか。前述の司法書士でNPO法人「つながる鹿児島」代表の芝田淳さんは「自分が住む地域とつながることが大事」と語る。仲間と役割をつくり、支え合い、最期はみんなで弔いあう。「市区町村や地域のＮＰＯなどが役割分担をする社会モデルを構築することが急務」という。誰にも平等にやってくる死。安心して迎えることができる社会になってほしい。

第六章　政権の政治課題となった身寄りなし問題

■ようやく動き出した岸田首相

首相が示した前向きに取り組む考え

今、わが国のそこにある危機である「身寄りなし高齢者問題」。これまであまり関心を示さず、腰が重かった岸田政権だが、自民党の有志勉強会から2023年8月7日、省庁横断的にその支援の具体策を検討するべきと提言された。

官邸を訪れ、岸田文雄首相に提言書を渡したのは、岸田派の重鎮、上川陽子外相（当時は幹事長代理）だ。

自民党内にできた「身寄りのない高齢者（おひとりさま）等の身元保証等を考える勉強

会」の会長として、事務局長を務める国光あやの総務省政務官（岸田派）らと提言書をとりまとめた。

身寄りのない高齢者は民間の賃貸住宅への入居を断られたり、介護施設に入る時も身元保証を求められたりする。死亡後に遺体を引き取る人がおらず、これまで見てきたように行政が葬るケースも増えている。厚労省で課題を整理したうえで、内閣官房を中心に省庁横断的に支援策の検討を求めていた。

岸田首相は「政府として何ができるか、しっかり考えたい」と前向きに取り組む考えを示した。

上川外相らの提言によって身寄りなし高齢者問題はようやく岸田政権の政治課題として俎上に載ったといえる。岸田首相はその足で、「豊島区終活あんしんセンター」など先進的な取り組みをする豊島区役所を視察に訪れた。

前述したように豊島区はひとり暮らしの高齢者率が約36％と日本一高く、横須賀市を参考に2022年4月から23区では初めて、終活あんしんセンターで終活情報の登録事業を開始していた。

「首相が視察にいらっしゃると聞き、本当にびっくりした」と同区高齢者福祉課の担当者は振り返る。岸田首相の滞在は午後2時40分から1時間。

第一部では豊島区で高齢者が増加している現状や終活登録システムの説明を受けたり、高齢者に配るエンディングノートなどを見たりした。

第二部では懇談の場が用意され、高際みゆき区長ら幹部、同センターを受託運営する社協、弁護士、現場のケアマネジャー（以下、ケアマネ）、前述した東京福祉会などが呼ばれた。

岸田首相はいつものように用意されたペーパーに目を落としながら身寄りのないひとり暮らしの高齢者の支援について質問をしていたが、社協の幹部やケアマネらが身元保証のカバーや金銭管理の手伝いや入院支援などについて説明した。

最近は、アパートの大家が世代交代し、立ち退きを迫られ、行き場がない高齢者が増えているという。

こうした高齢者への支援の多くは、介護施設職員やケアマネが職務外のボランティアで行う「シャドウワーク」として担わざるを得ないという。

豊島区高齢者福祉課によると、身寄りのない高齢者から家さがしの際などに求められる身元保証の相談が窓口に多く寄せられ、2022年度は5800件にものぼった。

民間の身元保証などの事業者の紹介を求められるなど相談があった場合、事業者を一覧表にして渡したりしているという。

「担当の個々の判断で事業者を紹介しているが、こうした民間の事業者を選ぶ際、国の基準などが設けられておらず、どこが信頼できるかがよくわからないまま、とりあえず、インターネットなどにでている業者をリスト化し、自己責任で選んでほしいと紹介しているが、不安はぬぐえない。国にこうした業者に対する基準や指針をきちんと設けてほしい」

と担当者は苦労を語る。

■身寄りなし高齢者支援とトラブル実態

支援業者をめぐる初の全国調査

A市区町村へ高齢者の生活支援の相談窓口となっている地域包括支援センターからこんな相談が持ち込まれた。

高齢者が身元保証、死後事務などの支援事業者と財産管理に関する契約を締結した際に、事業者から言われるがまま、死亡後、全財産を事業者に遺贈するという内容の遺言書を作成させられたという。地域包括支援センターが高齢者の意思を確認したところ、親族に遺産を相続させたいため、遺言書の内容を修正したいと考えていた。

このため、A市区町村は弁護士に相談し、遺言書について高齢者の意思に沿った内容に作成し直した。この高齢者は最近、判断能力が不十分になってきていたことから、成年後見の申立てを行った。

B市区町村には介護施設から以下の通報があった。

施設に入所していた高齢者は親族に遺産を相続させたいという意思を持っていたはずな

のに、高齢者が契約をした身元保証、死後事務などの支援事業者の手配により作成された遺言書を公証役場で確認したところ、遺産はすべて事業者に遺贈する記載になっていたという。施設からの通報でB市区町村は弁護士に相談し、弁護士が事業者に対して、遺言書が高齢者の意思に反する内容になっているため修正するよう伝えたが、事業者は修正せず、全財産を遺贈する記載になったままになっていた。

その後、高齢者の判断能力が不十分になってきたため、弁護士は成年後見人（補助人）を付け、事業者との契約を解除。高齢者の意思に沿った内容の遺言に修正した。

これらの事例は市区町村から総務省へ寄せられた身元保証、死後事務などの支援事業者をめぐるトラブルの氷山の一角に過ぎない。総務省行政評価局はこうした事業者について全国調査を初めて実施し、その結果をまとめて分析した「身元保証等高齢者サポート事業における消費者保護の推進に関する調査」と題された130ページにも及ぶ報告書を2023年8月7日、発表した。

調査の対象となったのは、病院や介護施設への入所のための身元保証や死亡時などの遺体引き取り、買い物、通院の送迎、介護保険の受給手続きなど生活支援、財産管理、公正証書遺言の作成、相続人への遺産の引き渡し、火葬、死亡届などの申請代行、葬儀、納骨、永代供養などの死後の事務サービスなどを主に行う事業者204社、市区町村を対象として行われた。

身元保証や死後事務などの支援サービスを利用する際、高齢者がどれぐらい費用を負担するのかも事業者からヒアリングしているが、サービス内容によって費目が異なるため、一概には言えないが、利用開始時に少なく見積もっても100万円以上を支払う資産がなければ、厳しいという。

事業者を利用する際に求められる主な費用は次ページの**表**のとおり。

情報共有されづらい事業者と親族

総務省は事業者、市区町村に寄せられた相談からどのような高齢者が身元保証を利用しているかも分析している。179件の相談のうち、「一人暮らしで、親族はいるが疎遠であり頼れない」が最多で41件。「一人暮らしで身寄りがなく誰も頼れない」は38件、「高齢の夫婦だけで住んでおり、他に頼れる親族がいない」が15件などだった。

表　「身元保証等高齢者サポート事業における消費者保護の推進に関する調査」結果報告書より（総務省行政評価局、2023年8月7日発表）

●A事業者の例

サービス：身元保証、日常生活支援、死後事務

基本料金：51.6万円（入会金44万円を含む）

契約手数料等：弁護士費用12.6万円

身元保証支援：19.8万円

生活支援費用：33万円（うち22万円は預託金）22万円超過分は都度徴収、緊急支援1.1万円（4時間分）、一般支援1,100円（時給）

死後事務費用：葬送支援費（預託）73万円

合計（都度払いの費用を除く）190万円

●C事業者の例

サービス：身元保証、日常生活支援、死後事務

基本料等：申込金5万円、分担金15万円、年会費1.2万円

契約手数料等：公正証書作成10万円、立会人費用1～2万円

身元保証：5,000円（1件）、緊急連絡先3,000円（1件）

生活支援費用：預託金20万円～、サポート費用2名1.5万円（1日分）等

死後事務費用：50万円～（預託金）

合計（都度払いの費用を除く）約100万円

報告書には契約締結後、事業者と高齢者の親族の間でトラブルになった事例が多数、記載されていた。

■事業者と契約した高齢者とこれまで疎遠であった親族が連絡を取り合った際、身元保証に関する契約をしたことを知り、「自分を差し置いて契約するのか」と事務所に現れて、契約の解除を申し入れ、そのまま解除に至ったことがある。高齢者の大半は親族と疎遠になっており、事業者側から契約した旨の連絡を行うとトラブルを誘発するおそれがあり、対応に苦慮している。

■高齢者と締結していた任意後見契約に基づき、任意後見を開始した後、疎遠だった親族が現れて、「自分が成年後見人となるべきだ」と主張した。高齢者とは死後事務委任契約も締結していたが、親族は自らが喪主となって、葬儀や納骨等を行うと主張したため、契約を解除し、預託金については手数料等を除き全額返金した。

■高齢者の死後、疎遠だった親族に葬儀の連絡をし、公正証書遺言の内容を説明したところ、親族は「遺産は自分が相続するはずであり、公正証書遺言の内容に納得できない」と主張。各種契約は無効であり、遺言も本人の意思ではないため無効であると訴訟を提起した。裁判では高齢者の体調と親族の家庭内暴力が原因で当方（事業者）を身元保証人として施設へ入所した経緯があったことから、当方が勝訴した。

こうした事例に対し、総務省がヒアリングを行ったところ、事業者は「親族がいないために弊社に依頼してきたケースでは、親族が関わりを持ちたくない場合がほとんどなので、親族に説明はしない」「契約はあくまで判断能力がある高齢者と締結するため、親族などへの説明は不要と考えている」などと回答。

契約者である高齢者をめぐり、事業者と親族の間で情報共有があまりされておらず、かなり距離があることがうかがえる。

身元保証や死後事務手続きをする事業者に関する苦情は消費生活センターにも多く寄せられている。

2013~2021年度の間、苦情は毎年、平均100件を超していた。「契約を解約したいが返金される金額などが納得できない」「年金を預かると言われて渡した通帳と印鑑を返してもらえない」などが代表的なものだ。

こうしたトラブルは、事業者のサービスが身元保証、生活支援、財産管理、遺言作成、死後事務手続きなど多岐にわたるため、ケースバイケースで適正に行うことが難しいことも背景にあるようだ。

また契約書の内容が複雑なうえ、死後事務に要する費用として契約時に多額の預託金を求められるケースが多いこともトラブル要因の1つとされている。

明らかになった事業者契約の杜撰さ

一方、事業者の契約の杜撰《ずさん》さも明らかになった。

事業者の78・8％で契約の主な内容を示す「重要事項説明書」をつくっているか確認できず、入会金や契約金を受け取っている事業者の21・2％が契約書に返金の規定もなかったという。

契約締結時に親族、ケアマネ、病院、施設関係者、弁護士など第三者の立ち会いが必要としている事業者は全体の68％、残りの32％は回答なしだった。

事業者の規模はほとんどが職員数20人以下で、5人以下が61・1％と過半数を占めるなど小規模で、開業から10年以下の事業者が83・8％と歴史が浅く、業界団体も設立されていない。

一部の事業者はヒアリングで、「新規参入しやすい業界であるため、十分な経験や知見もないままに、料金の安さと契約のしやすさを売りにして新規契約者を獲得しようとする事業者が増えてきている。身元保証を引き受けるということは、長期にわたる重責を担うことであり、簡単に契約を引き受けて、対応が杜撰になった時に、信頼度が低下するリスクを感じる」との危惧を訴えていた。

高齢者本人や親族の不安を解消する策として、「事業を監督する省庁を決めたうえで、省庁が認めた事業者団体を置き、その指導の下で契約内容に一定のガイドラインを設けてほしい」とも要望している。

その一方で、ある事業者は市区町村の地域包括支援センターやケアマネらから依頼されて、お金が払えない生活困窮者に対し、サービスを提供しているが、交通費すら請求できず、無償になるケースもあると嘆いていた。

一部の地域包括支援センターや病院では「身元保証人」と「成年後見人」の違いを認識しておらず、役割を混同している場合もあるという。身寄りがない、もしくは親族に頼れない高齢者に対する支援サービスをもっと行政や病院などに知ってもらいたいという注文もあった。

ヒアリングで地域包括支援センターのケアマネ連絡会などと連携できる仕組みづくりを求める声もあり、「民間は民間、行政は行政と分けるものではなく、行政のリソースでは手が回らない部分を民間が担うなどタッグを組むことが必要」と訴える事業者もあった。

一方、市区町村は総務省のヒアリングに対し、さまざまな提言を行っていた。

・事業者の見える化

「信頼できる事業者か判断するためには、事業者の事業内容（契約件数、事業の収支、職員体制、営業拠点、事業の実績、経営状況が安定しているか、緊急時に対応できる体制があるのか）を見える化するべき」

・事業者団体の設立

「事業者が倒産した場合に、利用者が不利益を被らないように、事業者団体の設立や事業者の信用を保証する仕組みが必要」

・事業者の登録制

「身元保証など高齢者サポートを実施する事業者について行政への届出を課し、事業所の指定を受けるようにする。ガイドラインなどルールに違反する行為があった場合、行政による指導や監査ができる仕組みが必要ではないか」

・消費者保護のルール

「法的に認められた成年後見人よりこうした事業者の方が身寄りのない高齢者に広範囲の支援を行い、その影響も大きい。身元保証、死後事務など高齢者サポート事業についても明確な法的根拠が必要ではないか」
「こうした事業者の利用者は身寄りのない人が多く、相談できる先も少ないため、安心して利用できるようなルールを定めることが望まれる」

しかし、そもそも論として「身寄りのない高齢者が病院や施設から身元保証を求められている現状がおかしい」という疑問の声も多くあった。
「厚労省の通知により保証人がいないことを理由に高齢者の医療機関への入院や介護施設への入所を断ることはできないはずだが、現状ではいまだに保証人を求められることが多い。このような場合、受入れをしてくれる他の病院や介護施設を探してお願いすることになり、調整に苦労している。国は病院や介護施設に対して、保証人等を求めないように指導を徹底してほしい」(C市区町村)
「身寄りのない高齢者が介護老人福祉施設(特別養護老人ホーム)に入所する際も、身元保証を求めているところがあると聞いている。国は介護老人福祉施設に身寄りがなく困窮し、介護が必要な高齢者を身元保証なしで積極的に受け入れるような方策を行ってほし

い」(D市区町村)

その一方で身元保証なしで身寄りのない高齢者を受け入れることは、病院や介護施設にとって大きなリスクとなるという意見も相次いでいた。

「本来、病院への入院や介護施設等への入所には保証人は要らないことになっているが、何かあったときなどの緊急時に必要なのではないか。現実的にほとんどの病院や介護施設で保証人を必要としていることから、緊急時に保証人がいなくても困らない何らかの手立てが必要である」(E市区町村)

「身元保証人のいない高齢者を受け入れ、不測の事態が生じた際には、当該施設の限られた人員がボランティア的に対応することになり、リスクを抱え込むことになる」

「現状、担当のケアマネや後見人が対応せざるを得ないケースや、入居していた介護施設の職員が対応しているケースもあり、負担となっている」(F市区町村)

65歳以上の全国の高齢独居世帯は2020年に672万世帯となり、20年前の303万世帯から倍増している。

入院や介護施設に入所する際の身元保証、生活支援、財産管理、死後事務手続きなどで支援を必要とする人がさらに増えることは確実だ。
病院や介護施設、事業者、市区町村の間で積もり積もった課題に対し、岸田政権は今後、どのように対処するのだろうか？

身寄りのない高齢者問題の仕掛け人

2023年8月7日――。実はこの日、身寄りのない高齢者問題で同時並行的に大きな動きが3つあった。

1つ目は前述した身寄りのない高齢者支援の勉強会会長、上川陽子外相らの岸田首相への提言。2つ目は岸田首相の豊島区への視察。3つ目は総務省が行った調査の報告書の公表だった。

その仕掛け人は、5月から自民党の勉強会の事務局長を務める総務省政務官の国光あやの衆院議員らだ。この勉強会は5月から定期的に行われ、前章で紹介した日本総研の沢村香苗さんや横須賀市の福祉専門官、北見万幸さん、身元保証や死後事務手続きを行う事業者らが呼ばれ、課題や論点整理のヒアリングなどが行われた。

5月24日に行われた衆議院予算委員会で、坂井学元官房副長官がこうした身寄りなしの高齢者の問題を扱う所管省庁がないことについて問題提起。「まず、厚労省が実態把握を行う」という岸田首相の答弁を引き出している。

勉強会の事務局長を務める国光議員は国立病院機構災害医療センター、東京医療センターなどで勤務医を経て、厚労省老健局老人保健課などで医系技官（医師出身の技官）として働いた経験があり、こうした課題には知見がある人物だ。

「身寄りのない高齢者が増加し、入院、施設への入所時の身元保証や亡くなった後の死後事務手続きなどの意思決定をする場で家族や親族以外の第三者の支援が今、必要とされています」

厚労省老健局で勉強会提言や総務省報告書等を踏まえ、さらに詳細に身元保証をする事業者や関係制度についての具体的な課題整理と対策の取りまとめを行う予定という。

2016年には公益財団法人「日本ライフ協会」が身寄りのない高齢者に対し、身元保証、死後事務サービスを提供するための預託金を流用し、経営破綻した。日本ライフ協会には約2500人の高齢者らが会員となっていたが、協会は集めた約8億円の預託金のうち、約2億7千万円を流用していたという。

しかし、事業者に対する監督官庁やガイドラインなどの規制はなく、預託金流用問題の真相は藪の中で預けた預託金の多くは契約した高齢者に返還されなかった。

「身元保証の事業者はピンキリで契約をめぐるトラブルも多く、無法地帯のようになっている」と国光議員は話す。

厚労省が年度内に身元保証に関するガイドラインを取り決め、それをホームページで見える化し、「ルールを遵守している質の高い事業者を自治体が選び、高齢者が安心して選べるような仕組みをつくりたい」と語る。

行政が支援を丸抱えするのは困難

だが、身元保証、死後事務手続きなどを行う事業者を利用できるのは、資金がある高齢者に限られる。お金がない高齢者の支援はどうなるのか。

「お金のない高齢者に対しては、セーフティネットを自治体の方でつくる必要があります。横須賀市や豊島区のように緊急連絡先や入院した時に延命治療はどうするか、死後事務手続きをどうするのかなどの情報を登録できるサービスを用意する。各自治体の予算事情もあり、どこまでできるかという問題がありますが、最低でも終活情報を登録するシステムまで全国の市区町村でできるようにしたい」

ただ、行政が支援をすべて丸抱えすることは難しいという。

「身元保証をしたり、入退院につきそったり、さまざまな費用を高齢者に代わって支払ったり、死後事務を代行するなど身寄りのない高齢者を支援する民間の事業者を介護保険と同じような形で自治体が紹介できるようなシステムになればいいなと考えています」

また地方で民間の事業者が少ない場合、横須賀市のように自治体が生前、高齢者から預託金（約26万円）を預かって火葬や死後事務手続きを代行できるように制度を整えていく。

「高齢者が住む市区町村によって行政サービスを受けられる、受けられないという差が生じないようにしなければと思っています」

身寄りがなく、引き取り手のない高齢者を葬る場合、墓地埋葬法と葬祭扶助のどちらを適用するか、法的根拠があいまいで市区町村が使いづらいと訴えている課題に対しては、内閣官房がとりまとめて省庁横断的に対応していくという。

明日はわが身ととらえる高齢者

医師でもある国光議員は現場で身寄りのない高齢者が病院に運び込まれ、ひとりで亡くなる様子を多く見てきた。

「高齢者ご本人ももしもの場合、どうしたいのかを真剣に考え、備えられた方がいいと思います。延命治療をのぞむのか、のぞまないのか。亡くなった後、遺骨はどうするのか？納骨するのか、散骨するのか。残したお金、遺留金はどう使いたいのか、などの意思決定をエンディングノートなど何らかの形で残してもらわないとかかわるソーシャルワーカー（社会福祉士ら）、ケアマネもどう動いていいのか、困ってしまう。やむを得ず、預金通帳を探してご本人の代わりに費用を支払うなど無償のシャドウワークも横行し、トラブルになりやすい。健全な状況ではないので、これを機に改善できればと思っています」

こうした問題はあまり公の場で議論されてこなかったが、明日はわが身ととらえる高齢者は多く、国民的な関心事になっていると国光議員は肌で感じたという。

「首相にこの問題を提案した後、事務所に多数の問い合わせや相談が来て驚きました。子どもはいるけど実は海外や遠方にいて頼れないとか、夫が亡くなり、ひとりになったけど、親族と仲が悪く、頼れないと悩んでいらっしゃる方などが潜在的に非常に多いことを知りました。これを機にきちんとした制度をつくりたい」

■横浜市で実証実験が始動

家族に頼らない支援に向けて

横浜市青葉区にある1974年に分譲されたすすき野団地は820戸、約1400人の住民が住む大規模な集合団地だ。

2021年夏からある棟の1階の部屋は空き家になったままだ。その階で暮らしていたひとり暮らしの70代の男性の部屋から異臭がすると騒ぎになり、団地理事らが警察に連絡して中へ入ってみると、男性はすでに死亡。死後2カ月は経過しており、すごい臭いで特殊清掃業者を呼んだ。だが、異臭はなかなか取れず、部屋を解体し、スケルトン状態にしたままになっている。

「この部屋をリフォームし、住民のための憩いの場にしたいが、資金がなくて……。ひとり暮らしの認知症の高齢者もいるので見守るシステムを何とか考えないと、と思っています」（理事）

築49年のこの団地は老朽化が進み、住人たちの高齢化率も46・6％（2022年1月現在）。そのほとんどが独居か、夫婦だけの世帯で超高齢化社会の縮図のような団地だ。

すすき野団地でも身寄りのない高齢者をめぐるさまざまな課題が重くのしかかる。

高齢化した団地住民だけで課題解決することは不可能なので、企業やＮＰＯ、大学、専門職などさまざまな業種の人が集まって協働し、新たなサービスなどを生み出し、課題解決を図る「すすき野団地リビングラボ」を２０１８年から始動させ、中長期的なマスタープランづくりに着手していた。

そのリビングラボや横浜市と連携し、高齢者の身元保証、生活支援、死後事務手続きなどを行う事業者「ＯＡＧライフサポート」（東京都）が２０２３年から家族に頼らない高齢者の支援の仕組みづくりを考える実証実験をはじめることになった。

10月10日に行われた住民説明会に参加した認知症の夫と二人暮らしの女性（82歳）は、「ここに来て40年になるが、最近は記憶力が低下し、意思決定に不安を感じている。助けてもらえればと思うが、年金生活者なのでお金はない……」と率直に不安と期待を語る。

ＯＡＧライフサポート代表、黒澤史津乃さんは実験についてこう説明する。

「まず、団地に家族や後見人以外に高齢者の意思決定支援者を置く。そして家族には頼れないけど、まだ元気で自分で意思決定をできる高齢者を対象にいろんなことをヒアリングします。例えば、認知症になったらどうする、重い病気になったら延命治療はするのか、

横浜市のすすき野団地

すすき野団地で開かれた実証実験の説明会

また亡くなった時、遺骨はどうしてほしいかなどですね。そして実際に高齢者に何か起こった時、意思決定支援者が地域包括ケアシステム（高齢者が地元の市区町村から包括的な支援・サービスを受けられるようにする体制）と連携し、どう対応していくのか。それを実証実験していきたい」

中間層が安心して利用できる仕組み

実は黒澤代表と自民党の勉強会事務局長の国光あやの議員との出会いが事態を動かすきっかけとなった。黒澤代表が2023年2月にまず、他の事業者らと国光議員に会い、高齢者の身元保証や支援、死後事務手続きをする事業者のカオスぶりなど課題を説明した。このままではまずいと感じた国光議員が勉強会や議員連盟などをつくるべく動いたのだ。

黒澤代表はこうした身元保証、死後事務の事業者の草分け的な存在であるNPO法人「りすシステム」（東京都）で長年、司法書士を務めた経歴を持つ。2021年にOAGに入り、2023年に同ライフサポートの代表となった。

総務省の行政評価局からのヒアリングも受け、業界団体の設立やガイドラインの制定などを強く訴えた。

富裕層の高齢者はお金を出せば、いくらでも質のいい支援を受けられるけれど、今の状態では安かろう、悪かろうになって中間層が安心して利用できる事業者が少ないという。

「ある意味、われわれのような事業者はこうした支援をブラックボックスの中で全部、単独でやっているわけですよ。最近、報道されているように契約が怪しい、不透明、トラブルが多いとかいろいろ問題も指摘されています。しかし、事業者が全部、丸抱えすると責任も重いし、24時間体制で支援する人を確保しないといけないなど負担が大きいのでビジネス化は厳しいんです。しかし、身寄りがない高齢者は確実に増えており、家族に頼らず、高齢者の意思決定などを支援する枠組みはいずれ必ず必要になります。事業者が全部やると苦しくなるので、地域包括ケアシステムと連携し、うまく回るようにするには何が必要だろうかと考えたら、高齢者に寄り添う意思決定支援者という存在がいるのではないかと思いました」

意思決定支援者を「アドボケーター（代弁者）」と呼び、新しい職業にしたいという。

身寄りのない高齢者をめぐる課題は多岐にわたるが、自民党の勉強会では会長の上川陽子外相が「一番、大事なことは身寄りのない高齢者の意思決定の支援を誰がどういう形で行うかということ」と総括している。

厚労省が2025年までに構築をめざす地域包括ケアシステムは、高齢者が自立し、可能な限り住み慣れた地域で、自分らしい暮らしを人生の最期まで続けることができるよう市区町村が包括的な支援・サービスを提供する体制のことだが、死後事務手続きまでは含まれていない。

「実証実験では専門職の人たちが意思決定支援者となり、家族の代わりになってもらう。そして死後事務手続きまでを支援したい。情報管理をどうするのか。タスクやコスト、リスクなどの分析をきちんとしていきたい」

この実証実験には前述した日本総研の沢村香苗さんも加わり、専門的な分析をするという。

第七章　増える無縁墓

■著名人でも無縁墓

墓じまいが増える都立青山霊園

国立競技場や神宮球場から徒歩圏の立地にあり、六本木ヒルズを遠景に望む都立青山霊園（港区南青山）。敷地面積は約26ヘクタール（約7万9千坪）あり、23区内で最も広い都立霊園だ。土地柄、使用料も最も高く、最低価格でも約450万円。1千万円を超える区画もある。

1874年（明治7年）に開園され、約1・7キロの桜並木は桜の名所としても知られる。大久保利通、乃木希典から池田勇人、志賀直哉、国木田独歩……。青山霊園には明治維新の立役者や元首相、作家、旧華族ら約13万人が眠る。桜を楽しむ人、犬の散歩をする人もおり、正門近くの管理事務所では有名人の墓所の地図も配られている。

２０２２年4月、正門近くに新たに公園がもうけられた。園内でも一、二を争う約80坪の広さがあった元佐賀藩主の鍋島家の墓所の跡地だ。鍋島家の歴史博物館「徴古館」や都によると、東京での管理や墓参が困難になり、２０１５年末に墓じまいをし、佐賀市内に改葬したという。

都立霊園で最も人気が高い青山霊園でも墓じまいが増えている。近くの石材店は「継承者がいないなど相談が増えている」と話す。

都は墓じまいした墓所の整備などを進め、２００５年に地上にある納骨室と地下の共同埋葬室が一体化した立体埋蔵施設が完成した。

施設はいっぱいで新規の募集はない。施設壁にある家名が刻まれたプレートを磨いていた67歳の男性は20倍を超える倍率で当たり、親族の遺骨を納骨した。「20年経つと、納骨室から地下の共同埋葬室に移されることになっているので、自分も入るかどうかは迷っています」と男性は語る。

公園の奥へ歩いていくと、草木が伸び放題になり、荒れた墓所が目につきはじめる。

「この墓所のご縁者様は下記番号をお控えのうえ霊園事務所にお立ち寄りください」

都立青山霊園では墓じまいなどで更地になっている場所もある。墓地の近くには六本木ヒルズがそびえる（相場郁朗撮影、写真は一部加工しました）

こう書かれた東京都の立て札が明治維新の時に活躍した有名な公家一族の墓所に立てられていた。立て札は管理費を滞納した墓所に催促をうながすものだ。

公益財団法人・東京都公園協会霊園課によると、都立霊園の管理費滞納（年間1460〜5840円）は21年度で約8850件に達した。青山でも約540件にのぼる。

墓地埋葬法により、長年管理費を滞納すると、墓地の使用者の調査をし、管理費の支払いを求める。名義人が亡くなっている場合、戸籍などを手がかりに親族などを探す。応じない場合や所在がわからない場合は無縁墓と認定する。

官報に氏名などとともに、1年以内に申し出なければ無縁改葬することを掲載し、墓にも「無縁看板」と呼ばれる立て札を立てる。都内の8霊園で2023年度、無縁看板は計200件。青山でも8件立っている。都は、5年以上管理費を滞納した墓所に執行手続きをとるが、「撤去するまで約8年はかかる」（協会霊園課）という。

石原慎太郎都政時代の2000年から無縁墓の調査をはじめ、公園型霊園への整備として2年ごとに撤去を行っていた。2015年度の約300件から19年度に約400件と増加。以後、毎年撤去するようになった。20年度は400件に達した。

無縁墓の撤去作業は都が行う。墓石の下にある納骨室から遺骨を取り出し、撤去し、更地にする。1件あたり平均で80万〜100万円の費用がかかり、都は毎年、2億〜5億円の予算を計上してきたという。

六本木ヒルズを背後に望む一角にあった旧男爵家の墓所も無縁墓と認定され、2023年1月には、都の撤去工事で更地になっていた。

無縁墓の行き場とは?

無縁墓で取り出された遺骨はいったい、どこへいくのか。

青山霊園から約30キロ。県境の江戸川を越えた千葉県に、その行き先があった。

旧東京市の墓地不足に対処するため1935年(昭和10年)に開園した八柱霊園(松戸市)は、面積が約105ヘクタールと東京ドーム約20個分に相当する大型霊園だ。移動には自転車が欠かせない。

西門から自転車で進んでいくと敷地の端に「久遠」や「帰寂」などと刻印がされた13基がズラリと並んでいた。芝の上にコンクリートで固められた無縁塚の周囲はきれいに掃除されている。

2007年までは多磨霊園の無縁合葬墓に移していたが、いっぱいになり、八柱霊園に移されるようになった。他の都営霊園からの無縁遺骨は当初、納骨室付きの無縁合葬墓に入れられる。八柱霊園の中沢恵美子所長は「後で親族が引き取りに来られることもあるので、納骨室でしばらく預かり、そこがいっぱいになったら無縁塚へ移します」と話す。

無縁塚から数十年後に引き取られていった女性がいた。江戸で剣術道場を開いていた千葉定吉の娘で、修行中だった坂本龍馬のいいなずけになったとされる、千葉さなだ。都内で1896年に59歳で亡くなったさなは台東区にある都立谷中霊園に埋葬されたが、戦後に無縁墓となり、都が撤去。ほかの墓の埋葬者と共に八柱霊園の無縁塚へ合葬された。

没後120年にあたる2016年。無縁塚の石畳の下から土を採取され、さなは千葉家ゆかりの仁寿院（練馬区）に改葬された。同院の住職は「歴史ファンの方がお参りにくることがある」という。

厚生労働省の人口動態統計（速報）によると、2022年の国内の死亡数は156万人を超え、戦後最多となった。ひとりで亡くなる高齢者が急増し、家族の手で埋葬されても、墓の守り手がおらず、無縁遺骨となるケースもある。

無法地帯と化した無縁墓

単身者が増加し人口減少が進む中、管理者がいない「無縁墓」の増加が見込まれている。

総務省が2023年9月に初めて全国調査を発表したところ、公営墓地や納骨堂がある市町村の約6割に無縁墓があり、管理費の滞納総額は4億円を超えていた。だが、「無縁」であることの確認には手間や時間がかかり、撤去は進んでいない。

公営墓地・納骨堂があると回答したのは765市町村。このうち、58・2%が無縁墓があると回答した。墓石やブロック塀が倒れたり、ゴミが捨てられたりするケースもあるという。だが、過去5年間（2016〜2020年度）で無縁墓の墓石の撤去に着手したと回答したのは6・1%。今後、無縁墓の撤去（改葬）を実施する意向と回答した市町村の割合は22・1%だった。

撤去が進まない理由として、縁故者や墓の継承者などの連絡先がわからず、同意の確認が難しいことがあげられた。無縁墓の遺骨は合葬式施設に移されるケースが多いが、施設がないので対応できない、との回答もあった。遺骨の扱いを「一時保管後処分」や「未定」とした自治体もあった。墓石の保管期間や保管場所について苦慮している、との回答も寄せられた。

北海道札幌市では無縁墓が多すぎて撤去後、墓石の保管場所が確保できないという。2021年度に市営霊園と旧設墓地（明治期に地域住民が整備した埋葬地で、現在の管理者は市）を対象に札幌市が調査したところ、無縁墓が全区画（4万7565区画）の約21%（1

万42区画）もあったことが明らかとなった。

札幌市では、2025年度までに無縁墳墓の割合を13％まで減らそうと計画しているが、無縁墓の撤去費用の負担が大きいうえ、墓石の保管場所の確保も難しいため、現状では墓石を既存区画にそのまま存置せざるを得ないのだという。

また墓の管理料を徴収していると回答した432市町村のうち滞納が発生したのは55％。滞納総額は約4億4800万円にのぼった（20年度末時点）。

宮崎県宮崎市では市営墓地の維持管理に年間、約1700万円かかっていることなどを受け、市民と市職員の各10人で構成された「〝まちづくりと墓地〟を考える市民協働会議」を設置し、これまで管理料を徴収していなかった墓地からも2007年より徴収を開始したという。

無縁墓の撤去が進まない理由

全国には墓地・納骨堂は約88万4千カ所あるが、今回調査した公営墓地は全体の3・5％で氷山の一角だ。

全国に無縁墓がどれだけ存在するか、という実態は誰にもわからない。墓地は全国約87万区域にあるが、公営墓地はわずか約3万区域、宗教法人の墓地も約5万9千区域に過ぎない。

残りの9割にあたる約80万区域の墓地は個人や集落などが管理し、墓埋法の施行された1948年（昭和23年）以前から存在する「みなし墓地」も多くあり、無法地帯と化し、「実態把握は難しい」と総務省担当者は語る。

個人や集落の墓地などで多くの無縁墓が発見され、道路敷設工事の予定ルートを変更したケースもあった。また公共工事の最中、多くの土葬遺体が発見され、その処理に手間がかかったこともあったという。

公営墓地でも地震で墓地が倒壊したり、豪雨による土砂崩れで崩落したり、台風で墓石が倒れたりしたまま、無縁墓が放置されるケースもみられた。また墓石などの不法投棄が見つかった例もある。

アンケートでは、高齢化した管理団体から相談を受け墓地ごと廃止したり、市が費用を負担して集約したりした事例なども報告された。

無縁墓の撤去が進まぬ理由を長野県辰野町はアンケートでこう説明している。

「町には無縁と疑われる墓が存在しており、無縁改葬（撤去）を検討している。その際、将来の訴訟のトラブルにつながることのないよう慎重に対応したいと考えているが、墓の承継の可否を尋ねるべき親族の範囲や縁故者からの回答を待つべき期間（縁故者調査の終期）の判断に自信がない。縁故者調査の範囲や終期について法や規則などの定めがない。無縁墓の区画の使用権取消しをしかねている」

多くの市区町村が墓の継承者の調査の範囲や無縁墓の保存期間をどうするか、国に明確な判断基準を示してほしいと要望している。総務省は、今後無縁墓が増えれば手続きや費用負担が増える、と指摘。自治体が縁故者の連絡先を事前に把握する方法を共有したり、墓石の取り扱いや保存期間、処分の考え方などを整理したりする必要がある、としている。

■墓じまい促進の特例制度

青山、谷中霊園の立体式合葬埋蔵施設はいっぱい

多死社会の到来で、全国で増加が懸念される管理者のいない「無縁墓」。墓地が荒れ放題になる前に、自治体が継承者に墓じまいを促す特例制度を設けるケースが増えている。厚労省のデータによると、無縁墓の撤去数（改葬）は2021年度、全国で3309件に上り、増加傾向にある。全国で最多は東京の878件、大阪の591件と続く。

東京には青山（港区）、谷中《やなか》（台東区）、染井《そめい》（豊島区）、雑司ケ谷《ぞうしがや》（同区）など8つの都営霊園がある。前述したように数年前から草木が伸び放題になり、管理費を滞納する墓所も増えている。滞納は同年度885０件に達し、都は原則5年以上、管理料を滞納した無縁墓を撤去している。その予算は年間、2億〜5億円にのぼった。

都は無縁墓を減らそうと23区内にある青山、谷中、染井、雑司ケ谷の4霊園で継承者のいない人に対し、さまざまな特例を設け、墓じまいを呼びかけた。

その1つが原状回復義務の免除制度だ。霊園を公園化する再生事業の対象者に対し、墓

じまいして区画を都に返還する際、墓を壊し更地にする撤去費を免責する。制度の適用を受け、青山は540件以上、谷中も660件を上回る墓所が返還された。両霊園の適用は終了したが、染井と雑司ケ谷は現在も制度を適用し墓じまいが進められている。

もう1つの特例は、墓の区画を返還すれば、管理料が不要となる合葬埋蔵施設で遺骨を引き取ってくれるという「施設変更制度」だ。

現在、青山、谷中などに設けられた立体式の合葬埋蔵施設はいっぱいの状態だ。制度の適用を受けると、区画を返還すれば、多磨、小平、千葉県松戸市にある合葬埋蔵施設に改葬される。施設には骨つぼを収める棚などが設けられており、約20年間、保管される。その後は遺骨を粉状にして袋に入れ替え、合葬墓に入れられる。

施設変更制度は03年度から続けられ、22年度の利用は730件で過去最多となった。都公園緑地部霊園担当の矢向弘明課長は「創設した03年度の7倍にのぼり、成果がでている。墓じまいのニーズが高まっている」と語る。

都営霊園を管理する公益財団法人・東京都公園協会は「継承者がいなくなり、無縁になっても合葬埋蔵施設ならお供えの花が絶えることなく、お参りに来る人も多いのできれいにしてあり、安心という声も聞く」という。

しかし、公営墓地を持つ765市町村のうち、合葬式施設を持つ割合は全体の25・5%

で人口規模が大きいほど有しているという結果だった。

全国の市町村にもある特例制度

愛媛県新居浜市も市営墓地の使用者が区画を返還し、合葬式施設を使用する場合、施設使用料を全額免除する制度を設けている。この制度は10年度から開始され、21年度までに計466柱の利用実績がある。

また千葉県市川市は02年度から墓じまいをしたら納付した墓地使用料の4分の1を返還するなどの制度や墓所を更地にする費用の一部を助成する制度がある。市川市によると、22年度は100件ほど応募があり、「年々、増加傾向にある」という。

北海道苫小牧市では21年度から市営墓地の墓じまいを支援するため、民間金融機関と連携し、撤去に要する費用を助成する事業を実施。墓じまい費用の調達のため、指定金融機関から融資を受けた場合、利子や信用保証料に対し、最大5万円を助成するという。大阪府岸和田市、群馬県太田市なども特例制度を設けている。

一方、東京都に次いで無縁改葬が多かった大阪府は状況が違う。計64の市設霊園を持つ大阪市は促進制度を特に設けていないが、墓じまいは2021年度で397件、2022

年度で525件と増えている。

「無縁墓を撤去すると事務所のロッカーなどに骨つぼを保管することになる。まず、継承者を探す作業を優先している」（同市環境局総務部施設管理課）という。

岸和田市は2007年から納付した墓地使用料の4分の1を返還、原状回復する費用の一部を免除する促進制度を設けた。だが、「返還の申し出がかなり増えたので2023年10月1日から費用の一部免除はとりやめる」（同市）という。

墓より自然葬が人気

美空ひばりさんが眠る歴史ある横浜市営の日野公園墓地（同港南区）に先祖3代にわたり、お墓があった石川良一さん（72歳）は2022年9月、墓じまいをし、区画を返還した。

石川さんは家族と30年前まで横浜市内に住んでいたが、転勤で茨城県鉾田市へ引っ越した。それ以降は年2～3回ほど毎年、片道約3時間かけてお墓参りに通ったが、歳月とともに苦痛になった。

石川さんは妻と子ども3人と相談のうえ、先祖3代の墓所を墓じまいし、更地にした。

そして遺骨は海に散骨した。

墓所の中に納められた先祖の遺骨6柱は、業者に依頼してパウダー状に粉骨し、6袋に詰めたうえ、カラフルな風呂敷で包み、クルーザーへ持ち込んだ。みなとみらいにある横浜港から出航し、横浜ベイブリッジから東京レインボーブリッジへさしかかる道中の決められた場所でクルーザーが停まり、手をあわせた。

パウダー状になった骨を海に撒く時、一緒に色とりどりのバラの花びらも添えた。粉が舞う中、バラの花びらが海面にユラユラと浮かび、やがて波に飲まれて消えていく。

船に乗り込んでその様子を見守ったのは石川さん夫妻と子ども夫婦、孫ら家族で10人足らず。墓じまいと散骨で費用は200万円ほどかかったという。

神奈川県の墓じまいは2021年度で6306件に上り、増加傾向にある。

横浜市に墓所を返還した後、石川さんは妻と一緒に茨城県の霊園で樹木葬を生前契約した。

「子どもたちも樹木葬の区画に入れるように契約しています。でも、子どもたちも考えがあるだろうから好きにしていいと話しています」

近年、「自然に還る」イメージの弔いが増えている。

お墓の情報サイト大手「いいお墓」を運営する鎌倉新書（東京都中央区）が2023年

3月に発表した「お墓の消費者全国実態調査」によると、希望する弔いのトップは樹木葬で51・8％と初めて過半数を突破。次いで「納骨堂」が20・2％、墓は19・1％と3位まで落ちた。

ここ5年間の平均購入金額は墓が約152万円、樹木葬は約67万円、納骨堂は約78万円だった。

継承者が必要な墓より、継承者不要の樹木葬や納骨堂、海洋散骨などの選択肢が増え、主流になりつつある。

「2018年まで墓が半数以上を占めていた。今後も墓じまいは増えるだろう」と鎌倉新書の広報担当者は話す。

石川さんが選んだ散骨も近年、増加している。

一般社団法人・日本海洋散骨協会によると、同協会加入企業の散骨施行件数は2022年で2387件で1年前より669件増となっている。

墓じまいのサポートと散骨の事業を全国展開するハウスボートクラブ（東京都江東区）によると、遺骨を全部、粉骨し、散骨するケースと遺骨を分骨し、墓や自宅に置くというケースもある。

最近はパウダー状の遺骨をペンダントに入れて身につけたり、マンション用の小さなミニ仏壇の引き出しに納める人も多いという。

２０２３年3月には「at FOREST」（本社・神戸市）が大阪府能勢町にある霊場「能勢妙見山」で国内初となる循環葬「RETURN TO NATURE」の運営を開始した。

寺院所有の森の中に墓標も何も残さず埋蔵するサービスで、遺骨を土に還りやすく加工し、自然との循環を促す埋葬法だ。ホームページによると費用は約80万円という。

米国ではその先をいく「堆肥（コンポスト）葬」のサービスが２０２０年11月から始まり、世界中で注目されている。

遺体は火葬、土葬もされないまま、マメ科植物のウッドチップが敷きつめられ、二酸化炭素や窒素、酸素、水分などを制御し、堆肥化を促進させるカプセルの中に入れられる。カプセル内で遺体はバクテリアなどの微生物によって約1カ月かけて分子レベルで分解され、土に還っていくという。

ホームページなどによると費用は約60万円で米国では予約が殺到しているという。日本でも法整備が整えば、堆肥葬が行われる可能性がある。

■行政葬儀の先進地・台湾

週1〜4回行われる「連合葬儀」

海外の葬送事情はどうなっているのか。

アジアの国の中でも日本と同じく少子高齢化が加速し、死亡率が上昇。ひとり暮らしの高齢者の増加や無縁遺骨など新たな社会問題に直面する台湾では独自のシステムを導入していると聞き、現地を訪れた。

2023年10月13日早朝から台北市大安区辛亥路にある市営の第二葬儀館で行われた「連合葬儀」を密着取材した。

連合葬儀というのは、台北市が執り行う葬儀で一日最大8人まで参加できる。この葬儀は市民であれば、誰でも参加でき、遺体の搬送や納棺、遺体安置、火葬までの費用は一切、無料と日本のメディアで紹介されていたが、現在は違っていた。

「連合葬儀は約30年前から行ってきたが、民間の葬祭業者が無料で行政がやれば、民業圧迫になると抗議運動をしたため、2019年から無料で連合葬儀に参加できる人の条件を

台北市にある第二葬儀館

設けました」と劉瑞隆・同館長は説明する。

無料になる主な条件は、亡くなった人が中所得者または低所得者であること、亡くなった人が臓器提供者であること、亡くなった人が社会的に注目される事件の被害者であること、亡くなった人が一人で暮らしていた高齢者で、社会福祉局による施設入所や支援金の受給が確認されていること、亡くなった人が台湾に家族や親戚がいない場合、または名前がわからない無縁者である場合などで市が審査し、1つでも条件に合致していれば、無料となる。

条件に一致しなくても亡くなった人が台北市民であれば、遺族が5000台湾ドル（日本円で2万5000円）を支払えば、参加でき、市民以外でも遺族が2万5000台湾ドル（同10万円）を支払えば、参加できる。

第二葬儀館の小さめの部屋で告別式を普通にすると、少なくとも台湾ドルで5万円（20万円）、大きめの部屋だと10万台湾ドル（50万円）以上はするので、連合葬儀は破格の安さだ。

連合葬儀は週に1～4回行われ、週10～25人ほどの故人を葬り、その数は年間で1100～1300人にのぼる。そのうち4分の3は、遺族がお金を支払って参加し、無料なのは4分の1だという。

連合葬儀の様子

13日に連合葬儀が行われたのは、1階の一番奥の70平方メートルほどの広さの部屋だった。

計8人の故人の葬儀が執り行われ、遺族らが午前6時半から最後のお別れをした後、同8時半から僧侶や市の幹部らが参列する本葬儀が行われた。

仏像や花、お供え物がにぎにぎしく飾られた中央祭壇には8人の遺影が並び、真ん中の電子掲示板には亡くなった人の名前が光っていた。参列者は30人弱で日本のような喪服を着ている人はほとんどおらず、平服の人も多い。会場の右脇には台北市長、市議会議長らの名前で出された白百合のスタンド花がズラリと並び、市をあげて取り組むとアピールしているかのようだった。

この日、葬儀が行われた8人のリストの中に遺族代表者が「第二葬儀館」と記されていた人がひとりだけいた。その男性は陳南錦さん、享年60。ひとり暮らしをしていた自宅で亡くなったが、遺体を引き取る身寄りがおらず、警察から連絡があり、市が死亡届などを親族に代わって出し、葬ることになったという。

陳さんの遺影は一番右側に飾られていたが、見送る人は劉館長とスタッフ以外に誰もいなかった。火葬場で遺骨にした後は市営の納骨堂に移すという。

劉館長によると、こうした身寄りのない故人は月に1人前後、年間で10〜12人ほどという。「ひとり暮らしの高齢者が多くなっているので今後は増えるかもしれない」と危惧する。

陳さんの隣に遺影が飾られていたのは、李文峯さん、享年54。4人姉兄の末子で独身のまま、病院で病死した。李さんは生前、自然葬を希望していたため、火葬後すぐに公営墓地で樹木葬が行われることになっていた。日本と比べると、納骨のスピードが早い。

散骨エリアが広がる小高い丘

台湾は国をあげて自然葬を推進しており、台北市では本人や遺族が自然葬を希望すれば、無料で提供される。遺族の許可を得て李さんの樹木葬を見学させてもらうことになった。

樹木葬が行われたのは午前11時過ぎ。台北市南部に位置する文山区の高層マンションやビル群を見下ろす山腹にある富徳公営墓地だ。曲がりくねった坂道の途中にある入り口には金ぴかの巨大な仏像がずらりと並んでいた。

入るとすぐ築50年ほどの瓦屋根の台湾式の大きな納骨堂があった。ロッカー式で一区画を1万台湾ドル（日本円で4・6万円）で購入できるが、すでに満杯で納骨堂には12万柱が納められている。台湾葬儀企業の龍巌は日本の建築家の安藤忠雄氏に設計を依頼した豪華な納骨堂を高雄市などに建設し、2024年に完成予定だが、ロッカー式の納骨堂は1

区画で500万円前後。民間の納骨堂は公営よりかなり高価だという。

納骨堂の奥に富徳生命記念園と名付けられた小高い丘に5ヘクタールほどの散骨エリアが広がっていた。

散骨をするエリアには桜、マツやガジュマル、キンモクセイなどが植わった区画横5メートル、縦10メートルほどの花壇があり、土の上に石が敷き詰められ、きれいに整備されていた。

樹木葬を行う李さんの遺族は計8人で、桜の樹の花壇を選んだ。管理人が筒で土をくりぬき、空けた穴に白い紙袋に入れられたパウダー状の遺骨をいれ、土をかぶせた。時間にしてわずか3分足らずの納骨だった。

故人の思い出を語り合う談話室もあり、李さんの遺族へのインタビューはそこで行った。李さんの兄、李文堯さんによると、5年前に一番上の姉が亡くなった時、「簡素な連合葬儀にして樹木葬で葬ってほしい」という遺言を残し、富徳墓地にある桜の樹の下に埋めたという。

「弟は入院中、自分も連合葬儀で葬り、姉の隣に埋めてほしいと言い残したので、そうしました。姉と弟を見送り、ここで自分も眠るのもいいかなと考えています」と李文堯さん。

樹木葬に参加したその姉の2人の娘（めい）は「母は桜の木が好きだった。美しく素敵

袋に入れた灰を取り出す

花葬

樹木葬

な場所でおじさんも眠れて喜んでいると思う」と話す。

娘2人の父親で姉の夫、於有國さんは「私の遺骨は海に撒いてほしいよ」と話す。

兄、李文堯さんの妻は「私は泳げないので海は怖い。ここで眠りたい」と笑う。

李さんの遺族は連合葬儀の費用を支払ったが、樹木葬は無料だったという。李さんの遺骨は火葬場ですぐ粉骨されたが、その費用も無料だ。

犬、猫、亀を葬る池の畔のペット葬エリア

海洋散骨も無料だが、季節が限定される。市が船を出すのは、海が穏やかな3月〜9月の間だけだ。自然葬の割合は樹木葬が4割、樹の代わりに花を墓標にする花葬が4割、海洋散骨が2割という。

富徳公営墓地の自然葬ではこれまでに計3万1514人が葬られた。かつて台北市では納骨堂が圧倒的に多かったが、新型コロナウイルス後は自然葬の人気が爆発的に拡がり、今では納骨堂とほぼ同じ50%を占めるという。台湾のお盆にあたる清明節の毎年4月5日前後には、樹木葬のスペースで死者を慰霊するコンサートが盛大に開かれるという。

池の畔には「秘密花園」と記された花壇がいくつかあり、かわいい犬や猫の置物があっ

た。犬、猫、亀を葬るペット葬のエリアで1カ月で100匹ぐらいが葬られる。このエリアでは花壇に穴をほらず、飼い主が花壇にペットの灰を撒くという。

一方、李さんと同じ連合葬儀で葬られたが、身寄りのなかった陳南錦さんは、ここから1時間ほど車で行った台北市北部にある陽明山公墓内の納骨堂に葬られる。

陽明山は貴重な保護動物が多数生息し、色とりどりの花々が咲き、豊かな自然に恵まれている国立公園だ。墓地はその山腹に拡がるが、納骨堂はコンクリートを打ちっぱなしのモダンな建物だった。地下にある納骨堂を見せてもらうと、棚のすべてに金ぴかの豪華な扉がついており、中に入っている骨つぼには写真と名前、生年月日などが記されていた。

無縁遺骨が納められる棚もまったく同じ形で名前のプレートには「無縁」という文字が見えた。

身寄りのない人の無縁遺骨は統計を取り始めた2012年から今までで計467柱に上るが、すべてこちらの納骨堂に納められている。

陽明山の納骨堂はできて10年ほどの新しい建物で、ロッカー式の1区画は6万台湾ドル（28万円）と公設の中では高価だが、人気があるという。2026年度にはいっぱいになる予定で、いずれ数が足りなくなるので、今では一扉に3つの無縁遺骨の骨つぼを入れる

陽明山の土葬スペース

納骨堂に納められた無縁遺骨

ようになった。

しかし、これまで納められたほとんどは一扉に一つの骨つぼが納められている。

担当者によると、無縁遺骨を引き取りにくる遺族は99％いない。それでも、「万が一にも遺骨を引き取りにくる遺族が現れるかもしれない」と丁重に扱っているという。

無縁遺骨も50年保存

日本では無縁遺骨は1～5年の間、倉庫やロッカーなどに保存されるが、期間を過ぎると、無縁墓に合祀されることがほとんどだ。

台湾では無縁遺骨は他の骨つぼと同様に50年は保存される。死者の尊厳に対する考え方の違いなのか、その手厚さには驚いた。

台北市葬祭管理事務所の副所長を務める蔡名娟さんに「人気の納骨堂に無縁遺骨を今後も納め続けるのですか？」と質問すると、「できる限り、誰も取りに来なくても行政できちんと葬りたい」と答えた。

蔡さんは台北市で葬儀、火葬場の管理や霊園での自然葬、納骨堂を管理する責任者で、自身も両親を富徳公墓の樹木葬で葬ったという。

「私も樹木葬で葬られたいと思っています」と笑顔で語る。

陽明山の霊園には色とりどりの花の下に埋葬される花葬のスペースが山の中腹から広がっている。花壇には「満杯」という立て札が多く立てられていたが、3年ほど経過したら、また新しい遺骨パウダーを撒くという。

花葬の上にある山の一角には土葬の墓地が広がっていた。棺桶を入れるスペースが必要になるため、台湾の墓標はかなり大きく縦3メートル、横3メートルぐらいある。中にはすでに棺から遺骨が取り出され、改葬された無縁墓もあった。草が伸び放題になり、墓石の角が崩れているものもあった。

2002年の法の施行で台湾では土葬してもいずれ遺骨を取り出し、改葬しなければならないと定められたが、施行以前の墓には適用されていないという。

蔡副所長に葬祭事情をインタビューすると、台湾ならではの背景がいろいろと見えてきた。


――連合葬儀を導入した経緯を教えてください。

台北市が導入したのは1991年で他の市より早かったと思います。理由は大きく二つ

蔡名娟さん

あります。一つは土地が狭く、人口密度が高い台湾は1990年代まで土葬が主流だったため、深刻な墓地不足に陥りました。それと死亡率が急に上がったため、市内には遺体があふれたのですが、埋葬できず、衛生面で問題があった。火葬を主流にするべく、埋火葬代をタダにして促進を図ったのです。台湾では2022年、約21万人がなくなりましたが、土葬は6千足らず。火葬は99%以上になっています。ここ数年、新北市、台中市、台南市、高雄市などの大都市では同じように連合葬儀が行われています。

——連合葬儀は1人につき、どれぐらいの経費がかかりますか？　年間の予算は？

一人分の経費は1万8750台湾ドル（約8万7千円）ぐらい。連合葬儀の費用は年間3000万台湾ドル（1・2億円）かかりますが、2012年以降はすべて寄付金でまかなっています。1991年〜2019年まで市民ならタダで参加できましたが、19年以降はお金を少し払ってもらう形になりました。

——台湾はどのような宗教が主流ですか？

仏教と道教が多いですが、キリスト教徒もおり、連合葬儀はそれらにも対応しています。

――台湾では2002年に「環境保護的な埋葬法」などの法整備が行われ、土葬から火葬へと大きく変わり、自然葬が促進されています。

台北市では土葬が原則禁止となり、ほぼ火葬となり、2002年以降、自然葬（樹木、花、海）はすべてタダでできます。台北市が支出している年間予算は900万～1000万台湾ドル（約4200万円）ほどです。台北市では火葬と葬儀は私たちが管理する第一葬儀館と第二葬儀館でしか行えません。死者が増えているので2024年には新館を建て斎場を拡大する予定です。

――富徳公営墓地と陽明山公墓を見ると、かなりの土葬の墓地が残っており、中には荒れている墓所もあります。

富徳には1万1399の墓石、陽明山にも6438の墓石が残っています。現在、墓地を移転するための調査の手配をしていますが、都市開発の激しさに応じて整理する必要があるため、墓地の問題は長期的に継続して対応しています。

——今は少ないですが、無縁遺骨は今後、増えるのではないですか？

台北市はひとり暮らしの高齢者の人数が増え、死亡届を出す人が見つからないケースが少しずつ増えています。65歳以上のひとり暮らしの人数は、2017年で4744人、2018年で5133人、2019年で5500人、2020年で6267人、2021年で7620人、2022年で8407人と右肩上がりになっています。台北市内の死者は年間、約2万人ですが、20人に1人が連合葬儀で葬られており、増える可能性があります。

——連合葬儀はひとり暮らしで身寄りのない方が生前に申し込むことはできますか？

今はできませんが、今後はそうした生前の終活登録も必要になると関心を持っています。ただ、台北市ではそうした制度がなくてもまだ行政が責任を持って市民を葬れると思います。数年前、日本の大学教授らが連合葬儀を見学に来たとき、火葬場で故人を送り、遺骨を残さず、すべて処分してしまう「0葬」もあると聞きました。究極の葬儀のあり方で台湾ではまだ難しいと思いますが、私自身は非常に関心がありますね。

■海外の弔い事情

弔いのあり方は国民全体の問題

多民族国家で国土の狭いシンガポールでも、土葬が義務付けられている宗教に配慮しながら、かつて墓地があった土地を再開発するなどの施策がとられた。シンガポールでは国家環境庁が墓地の管理を行っており、1998年に土葬の埋葬期間を15年に定め、期限が来ると、埋葬された遺体は火葬処理され、納骨堂など別の場所に移されるという。

2021年には火葬後、遺骨をパウダー状の灰にして公園に埋葬するという公園型樹木葬も新たに行われている。

お隣の韓国も儒教の影響でかつては土葬が多かったが、土地不足と弔い文化の変化で火葬が主流になり、2008年には「葬事等に関する法律」が施行された。それ以降、国と自治体が自然葬を推進している。

人口が多い中国も同じで土葬から火葬への移行と資源節約、環境調和型の葬送として樹木葬、散骨などの自然葬を推進している。

一方、前述の小谷みどりさんによると、福祉の国、スウェーデンでは税金のようなものを国民に課し、葬儀や納骨費用に充当されている。ストックホルム市民は給料から天引きされるが、その他の自治体では、スウェーデン国教会に支払う月会費にこの葬儀費が含まれるので、遺体搬送代、葬儀会場の使用料、遺体安置代、火葬代などはほとんどかからない。さらに25年間は墓地を無料で使用できるという。

弔いのあり方は、国民全体の問題として取り組む課題であると思う。

第八章　将軍家・大名家の墓じまい

■徳川慶喜家の場合

鍵は子孫が代々管理してきた

少子化や核家族化の影響で増える「墓じまい」。歴史上の人物で子孫が代々、守ってきた江戸幕府最後の将軍、徳川慶喜家の墓も例外ではなかった。慶喜の玄孫が「絶家」と「墓じまい」について語った。

台東区にある都立谷中霊園内に約３００坪の敷地を有する江戸幕府最後の将軍（15代）徳川慶喜の墓所。

高い柵や塀に囲われ、金に輝く葵の紋があしらわれた鍵付きの門が正面にそびえ立つ。

都指定史跡の文化財だが、墓所は一般公開されておらず、鍵は子孫が代々、管理してきた。慶喜の玄孫で現在、墓や史料などの管理をしている山岸美喜さん（56歳）に裏門の鍵を開けてもらい、中へ入った。

山岸さんの祖父は慶喜の孫で3代目当主・慶光で、4代目当主・慶朝は母親の弟、叔父という間柄だ。

敷地内に入ると、中央には徳川慶喜の墓、向かって右隣には正妻の美賀子、慶喜の墓の後ろには側室の新村信子（右）、中根幸子（左）の墓があった。

慶喜の孫にあたる高松宮妃喜久子さまが寄贈した記念碑もあった。

一番、左側には慶喜家歴代当主が入る墓がある。いずれの墓も珍しい神式の石造りの円墳だ。

２０１７年に4代目の慶朝が死去し、徳川姓を名乗る男子がいなくなった。

慶朝をみとっためいの山岸さんが遺言で「相続財産執行人」に指名され、喪主として葬儀をした。慶朝は生前、徳川一門とほとんどつきあいをしなかったため、参列者はわずか10人ほど。徳川慶喜家の墓や史料など山岸さんがすべて責任を負うことになった。

「当主として慶喜家の墓に入るのは叔父（慶朝）が最後。私の代で絶家にすることになりました。親族らも同意してくれた」と明かす。

大名家の墓じまい家系図

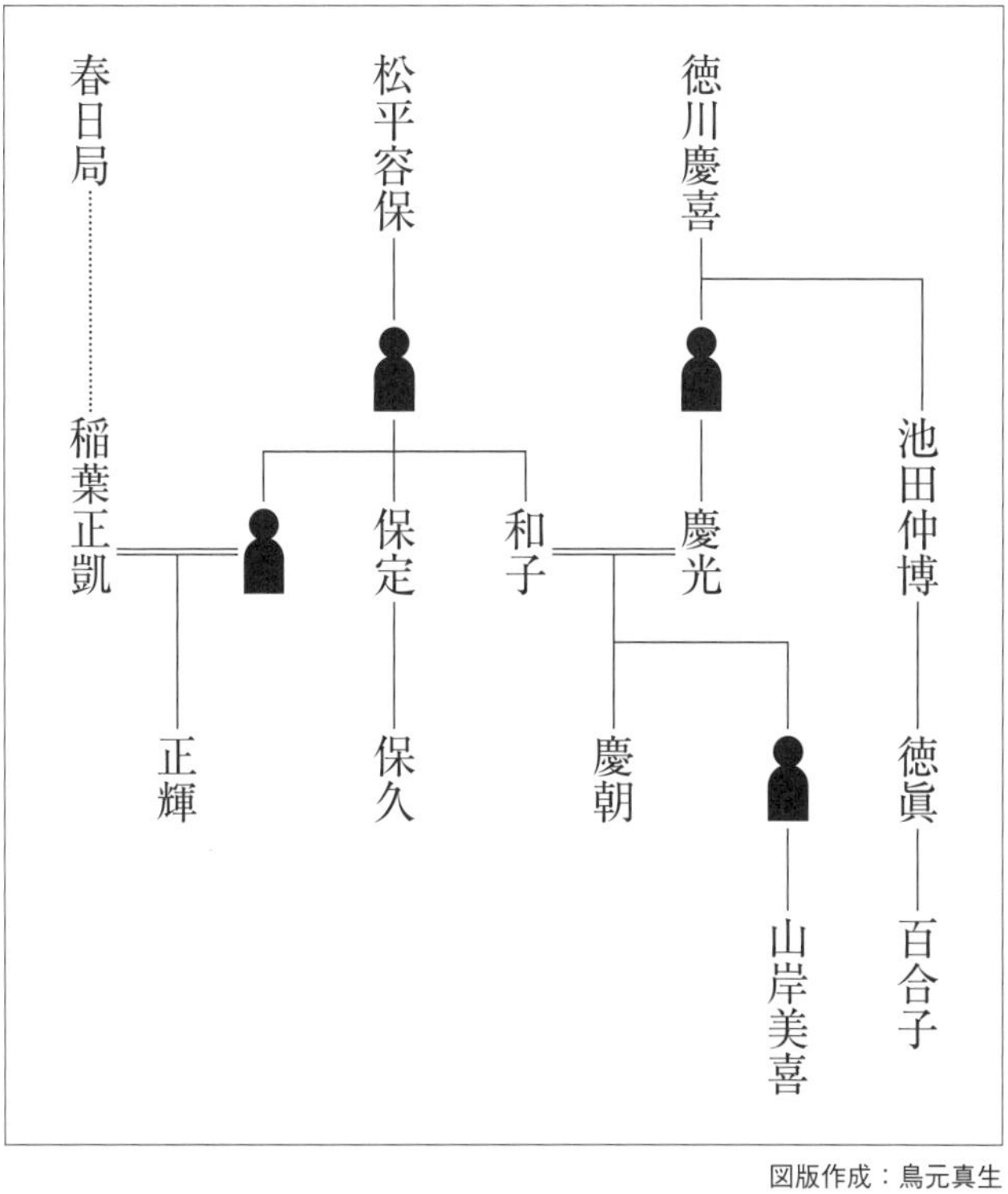

図版作成：鳥元真生

裏門には「塀の崩落注意」という大きな看板が掲げられ、立ち入り禁止を示すポールが塀沿いに並べられていた。「塀を修理するだけで2千万円前後はかかる。そんなお金はとてもとても……」と山岸さん。

山岸さんの祖母は松平容保の孫・和子で3代目当主、慶光に嫁いだが、婚礼の写真は袿《けい》袴《こ》。

昭和前期には小石川の邸宅で暮らしたが、戦後は膨大な財産税が課せられ、屋敷などは国に没収され、静岡市を経て、町田市の一軒家、マンションなどで暮らし、生活は質素だった。「祖母にお屋敷で育ったのにマンション暮らしになって『昔はよかったな……と思うことないの』と尋ねたら、『だってしょうがないじゃない。時代というものなのだから』と淡々と話していました」と振り返る。

もはや慶喜家の墓所や史料を管理するにも子孫個人の力では難しい。「個人の家のものではなく、歴史や文化財として管理してもらった方がいい」と山岸さん。

だが、歴史的墓所であっても、「墓は個人の所有なので、継承者が管理するのが原則」(東京都公園課霊園担当)という。さらに慶喜家の墓所は谷中霊園内にあるが、土地の所有者は徳川家歴代将軍の墓がある寛永寺となっている。

慶喜は大政奉還後、徳川宗家(将軍家)の家督を幼い家達《いえさと》に譲り、隠居した。

徳川慶喜の墓の前に立つ玄孫の山岸美喜さん＝谷中霊園

明治維新後に明治天皇から公爵の爵位を与えられ、宗家から独立し、徳川慶喜家を創設することが許され、仏教から神道に改宗し、谷中霊園に神式の墓地がつくられた。

山岸さんは「寛永寺、都、徳川家ゆかりの団体などに相談しながら墓じまいを進めている」と話す。

山岸さんは墓だけでなく、叔父から慶喜家に代々、伝わる慶喜直筆の書など5千点にも上る史料の責任も負っている。

行政に史料の保存や公開方法などを相談し、「これからは家族の歴史ではなく、日本の歴史として残していきたい」と語る。

大名家の女性当主が「墓じまい」

旧大名家で初めて「絶家」「墓じまい」を公表したのは32万石の鳥取藩を治めた池田家の16代当主の池田百合子さん（89歳）だ。

百合子さんは東京都府中市にある都立多磨霊園にあった池田家の先祖の墓を２００３年に墓じまいした。

墓じまいの様子を撮影した当時の写真をみると、石で覆われた横約5メートル、縦約7

メートルの広い納骨室に約14柱の骨つぼが並んでいた。多磨霊園にあった池田家の墓は2区画分の広さだったという。

明治維新後、廃藩置県で池田家は藩主から侯爵となり、東京で暮らした12代から百合子さんの父、15代までの当主と家族が多磨霊園に埋葬されていた。

「祖父は徳川慶喜の五男で跡継ぎを亡くした池田家の婿養子となって14代を継ぎました。その次男で15代となったのが、父、徳眞ですが、娘3人しかおらず、私は長女でした。私たち夫婦は子どもがおらず、無理に養子をとってもしかたないと思ったので、池田の家は私で終わりです」と百合子さん。

多磨霊園ができる以前、鳥取池田家の江戸の墓は東京・向島にある弘福寺にあった。昭和初期に弘福寺周辺が公園化されたため、12代・13代らの墓を多磨霊園に改葬した。弘福寺にあった江戸時代の正妻、子どもなどの墓は鳥取にある藩主池田家墓所へ鉄道で貨物輸送したという。

池田家初代から11代までの藩主と一族の計78の墓碑がある鳥取市国府町奥谷にある藩主池田家墓所はスケールが違う。谷の周囲の山一面が墓地になっているのだ。

国の史跡となり、県の教育委員会に池田家の墓所保存会ができ、老朽化した墓碑や石垣など墓所の整備事業が大規模に行われ、今や観光名所となっている。9月の灯籠会、紅葉

元鳥取藩主・池田家16代当主で「絶家」
を公表した池田百合子さん(本人提供)

東京都府中市の多磨霊園にあった鳥取藩主池田家の墓の
納骨室内部。左から２人目が池田百合子さん（本人提供）

狩りなど四季折々のイベントが行われる。

「片山善博さんが知事時代、連絡があり、『池田家墓所を鳥取の観光名所にしたい。よろしいですか』といわれ、『観光客が呼べるならどうぞ』と即答しました。本当に観光客がたくさんいらっしゃるようになり、子孫としてうれしい限り」

百合子さんは当初、多磨霊園にあった先祖たちの遺骨を奥谷の池田家の墓所に改葬しようとしたが、国から許可が下りなかった。

「奥谷の池田家の墓所は藩主時代の当主しか入れないと言われ、うちの先祖の墓なのに理不尽だなと（笑）」（百合子さん）

多磨霊園にあった12代から15代の遺骨は池田家や徳川家と縁が深い鳥取市立川町にある大雲院に移築改葬された。

百合子さんは現在、三鷹市在住だが、いずれは大雲院の墓所に入るつもりだ。

池田家の遺産

百合子さんは父の留学先である英国のオックスフォードで生まれた。

帰国後は原宿の今の東郷神社の場所にあった約3万坪の池田家の屋敷で育ったという。

「多くの使用人に囲まれて8歳ごろまで育ちましたが、空襲がひどくなり、鳥取に疎開。戦後、戻ってくると屋敷は爆撃を受け、焼け野原になっていました」と振り返る。

その後、生活は質素になり、東洋美術史を研究し、母校の早稲田大学で国際部の教授、副部長などを歴任した。

絶家はクリスチャンで研究者だった父の遺言でもあった。「父は池田家の家名にこだわらない人でした。『武家文化はもう歴史上の役割を終えた。消えていい。過去にこだわらずに未来に尽くしなさい』と」。

藩主池田家の墓所や国指定重要文化財になった白亜の洋館の邸宅「仁風閣」など池田家の遺産が鳥取の未来に貢献できれば……。

父から受け継いだ百合子さんの願いだ。

■旧大名家同士が墓を共同使用

跡継ぎがいない19代当主

先祖代々の墓の継承者がいなかったり、遠方で墓参りに行けないという悩みは歴史にその名を残した旧大名家も同じだ。

港区にある都立青山霊園には3代将軍・徳川家光の乳母として有名な春日局の子孫である稲葉家の墓所がある。

そこに「継承碑」と題された珍しい石碑が建ったのは2004年7月だった。

〈稲葉家は19代で継承する実子がなく、この墓地は平成16年以降松平家と共同使用となっている〉

稲葉家は江戸時代、現在の京都市伏見区淀本町にあった淀城に居を構えたが、明治維新後は子爵家となり、神道本局管長などを歴任し、東京に居を移した。

淀藩12代藩主・正邦以降、当主や家族は青山霊園の墓所に埋葬されている。

現在の19代当主の正輝氏（83歳）は跡継ぎがいない。

「今の時代、家名を守るために養子をとろうとしても難しい」と正輝さん。

思案した結果、「親戚の松平家と共同使用」という異例の碑が建った。

正輝氏の母親は会津松平家9代藩主の容保の孫。13代当主、松平保定は正輝氏の母親の実弟で、正輝氏にとっておじという間柄だ。

継承碑には〈文久三年（1863年）京都守護職であった会津藩主松平容保と所司代であった淀藩主稲葉正邦は公武合体派として世に言う禁門の政変を共に戦った〉とも記されていた。

禁門の変とは過激な尊皇攘夷で京都から追放されていた長州藩勢力が、京都守護職だった松平容保、徳川慶喜ら幕府軍に挙兵。京都市中で大砲を撃つなど激しい戦闘の結果、幕府軍が勝利した闘いだ。

しかし、徳川慶喜は1867年に大政奉還。その後、会津にもどった容保は新政府軍と戦うが、降伏し、鶴ケ城を開城。それ以降、松平家は東京に居を移したが、歴代藩主、当主らは会津若松市の広大な山中にある松平家の墓所、「院内御廟」に埋葬されている。

稲葉家と松平家の共同使用のきっかけを正輝氏はこう振り返る。

「おじに生前、『歳を取ると会津への墓参りはつらい。稲葉家の青山霊園の墓所にうちも分骨させてほしい。松平には継承者がいるので稲葉家のお墓も引き継ぐ」

稲葉家の墓所に建てられた稲葉家継承碑。松平家との共同使用について記されている＝青山霊園

おじの松平保定氏はしかし2011年に死去し、約束どおり青山霊園の稲葉家の墓にも分骨された。「稲葉家は私の代で途絶えるが、墓はできる限り、引き継いでほしい」と正輝氏は話す。

会津松平家の現当主（14代）の保久氏（69歳）は「父は正輝さんと仲がよかった。稲葉家の墓はできる限り、松平家で守っていきたいと思っています」と語る。

都立霊園を管理する東京都公園協会によると、墓の承継の主な条件は、①祭祀主宰者であること、②原則として使用者の親族であることなどだ。

会津松平家の墓所も前述した池田家と同じ問題を抱える。

最後の藩主・容保の墓所までは史跡として公有化され、会津若松市が保全、管理しているが、明治以降の歴代当主らの墓は松平家個人が管理していかなければならない。長年務めたNHKを定年退職後、保久さんは年に何回かは都内から会津へ戻るという。

「父の時代より交通の便もよくなり、里帰りは今のところ、そんなに大変ではない」

15代目となる長男はいま、会津若松市でコンサルタントの仕事をしているという。「将来的に息子が会津にとどまるか、わからない。私は墓がその家の歴史や先祖、ふるさととのつながりでもあると思っています。大事にしていきたい」

旧大名家は墓参りも大変

「稲葉家と松平家のように旧大名家同士で墓を共同使用するというのはかなり珍しいケースです」

青山墓地を取材している時、偶然、石塔文化史研究家の秋元茂陽さんと出会い、旧大名家などの家や墓じまいについていろいろと教えてもらった。

秋元さんは墓碑研究として2016年に青山霊園の墓所を墓じまいした佐賀藩主鍋島家の改葬現場にも立ち会っていた。

その2年前には「佐賀藩主鍋島家の墓碑考察」という論文をまとめているが、明治維新後、天皇に忠誠を誓うため、佐賀藩主鍋島家をはじめ多くの旧大名家は仏教から神道へ改宗した。それまで菩提寺などに建てた五輪塔墓ではなく、神式の円墳墓に改め、新たに墓所をつくったという。

「明治初期、青山霊園でも土葬がまだ行われており、墓を掘り起こした時に人骨の一部なども見つかっていた。貴重な体験となりました」

論文によると、佐賀藩主鍋島家は佐賀や東京など全国に10以上の寺に菩提寺があったとされるが、青山墓地の遺骨などは佐賀市にある春日山墓所に改葬された。

石塔研究を40年以上続ける秋元さんは、全国にある400以上の旧大名家や皇室、公家らの墓を訪ね歩き、「徳川将軍家墓碑総覧」などにまとめ、発表している。

旧大名家は藩主を務める地元と江戸にそれぞれ墓所を持つケースが多い。

「子孫は領地など所縁《ゆかり》がある菩提寺に墓参りに訪れるだけでもかなり大変です。それぞれの墓へのお布施、修繕費などもかなりかかるので、菩提寺から離檀するための口実として明治時代に神道に改宗した家もあったと言われています」

第二次世界大戦後、華族制度が廃止され、菩提寺とも疎遠になる家が増えたという。

「有名な大名家であれば、国や都道府県が墓を史跡として保護してくれるが、由緒正しい家柄でも知名度がいまいちな場合、自分たちで墓などを修繕、保存して守っていかなければならない。墓だけでなく、家そのものも存続が危ぶまれるケースもあります」

数百年と続いた旧公家、旧大名家でさえも後継ぎがおらず、絶家というケースが近年、相次いでいる。

徳川宗家（旧将軍家）や御三家の紀州徳川家にも跡継ぎがおらず、今後どうするのか、注目されている。

墓文化の終焉～佐々木閑・花園大学特別教授に聞く

歴史にその名を残した旧大名家でも継承者がおらず、「墓じまい」が相次いでいる。墓文化を支え、現在も続く寺院制度が確立されたのは徳川家康が天下を統一した江戸時代だ。仏教史に詳しい花園大学特別教授の佐々木閑《しずか》氏にお墓と時代の変遷について聞いた。

――日本の家制度を代表するような旧大名家でも墓じまいが相次いでいます。

墓文化を支えた寺院のあり方や檀家制度は徳川家康が幕府をつくってまもない1615年までの約10年間に発布された寺院法度によって確立されました。それから400年あまり、その制度は続いてきましたが、墓という形がなくなり、変化していくのはとどめられないことで時代の必然と思います。

――江戸時代にできた寺院法度とは？

今も続いている重要な制度が2つあります。1つは本山末寺制度です。幕府の意向により、仏教各宗派内で寺院を格付けし、それに沿った指揮命令系統が設定されました。大寺院を総本山とするピラミッド構造で末寺寺院まで統制するという制度です。インドでブッダが創始した本来の仏教は、すべてのサンガ（僧侶の自治組織）は平等な立場とされていますが、日本仏教の場合、徳川幕府の新制度によって、すべての寺院が格付けされるようになり、それが所属する僧侶個々人の格付けにもつながっていきました。仏教界に新たなヒエラルキーがつくられたのです。

――もう1つの制度とは？

すべての民が家族単位で、いずれかの仏教寺院の檀家にならなければならないという檀家制度です。この制度は家族単位で適用されたため、個人の意思で信奉する寺院を選べず、その家は子孫まで代々、所属する寺院の檀家になることが強制されました。幕府はこの制度によって民の動向を個人のレベルでほぼ完全に把握できるようになったのです。今でも「あなたの実家は何宗ですか」という会話が日常的にありますが、これは制度が現代でも機能していることを表しています。

佐々木閑氏

――寺を利用した幕府の統治というのは？

江戸時代、寺院には檀家制度で家を管理するという役務が与えられ、租税徴収の一端を担う行政機関に組み込まれました。鎌倉時代に生まれた新仏教の各宗派は信者を増やすために競い合ってきましたが、徳川幕府はどの宗派にも権威と利益を分け与えることでうまくすみ分けさせ、仏教界の不満を抑え、従わせました。その結果、仏教界は徳川幕府にぴったり寄り添う形で平穏に維持されたのです。しかし、国家権力が天皇へと移った明治時代、急速に不安定になりました。

――明治時代はどう変わったのでしょうか？

明治政府は江戸時代まで仏教と協調関係にあった神道を再構成し、天皇を中心とした中央集権国家の支柱にしようと考えました。これはキリスト教世界の上に帝国主義を構築したヨーロッパ諸国を参考にした政策ですが、そうなると仏教が邪魔になってくる。仏教と神道は江戸時代まで一体化した形で幕府に組み込まれていましたが、明治政府は1868

年に「神仏分離令」を発付し、法的に分断し、仏教の弱体化をはかったのです。

――明治以降、天皇から爵位を与えられた徳川慶喜ら多くの旧大名家は仏教から神道に改宗し、青山、谷中、多磨霊園などに墓をつくりました。

明治政府は当初、神道だけを天皇政権の宗教的基盤にしようとしましたが、出生、死亡、結婚、移住などの個人情報が寺院に集約された檀家制度を再評価するようになりました。仏教界も生き残りの好機ととらえ、天皇中心の国家神道と仏教の教義とをすり合わせた新たな思想をつくるなどし、明治政府の協力者となっていきます。1872年に明治政府は「仏教の僧侶は肉食しても、妻を持っても構わない」と布告。政治的に無理やり俗世化させられた仏教は、もはや政治に強くコミットする力を失っていったのです。

――仏教界の戦争への関与とは？

仏教界は天皇中心の国家を支える護国団体として戦争に協力するようになりました。戦争状態に突入すると、各宗派は戦争資金の調達、信者への戦争参加の奨励、戦死を安楽への道とする教えを広めるなどの行為も行いました。

――1945年の終戦後はどう変わりましたか？

戦後、政府の政教分離という方針で公共の場での活動を制限された仏教界は、檀家制度を唯一の経済的基盤として、再出発を強いられました。戦後は核家族化がすすみ、地縁や血縁が薄れて家制度が崩れていったので、葬儀をしたり、お墓を建てたり、継承する必然性がだんだんとなくなっていきました。近年は僧侶を呼ばない直葬や墓じまいも加速し、経済的に成り立たなくなり、過疎地や地方の寺院から消滅が始まり、とどまる気配が見えません。お寺の住職さんたちから今後、寺院経営をどうしたらいいかという相談をよく受けます。

――墓がなくなっていくと、次はどのような形で弔われるのでしょうか？

お墓がなくなっても故人をしのび、手をあわせる弔いの文化は残っていくと思います。従来の重厚なお墓はなくなってもコンパクト化し、より便利になった墓の代替品は必ず、出てきます。私はそれがデジタル世界に生まれてくると思っています。今の時代、人の生前の姿や声などすべてはデジタルで残せます。遠くにある墓にわざわざ出かける意味がなくなり、家にあるパソコンやスマホの中に故人をしのぶ形見を置いておけるわけです。知り合いのお坊さんたちに「デジタル技術を使ったネット供養など新たな方式を定着させる努力をなさい」とアドバイスしています。

——ただ、ネットやデジタルでは高いお布施は難しいのでは?

難しいと思いますが、ネットやデジタルを組み込んだ新しい弔いの姿は、素人がつくるより、お坊さんが仏教の教えや供養の意義に基づいた端正なものにすれば、それなりの付加価値のあるものになると思います。決定打にはならないでしょうが、新しい視点で僧侶の仕事を見直すきっかけになると思います。

——弔いの文化はどう継続していくでしょうか?

これからお坊さんたちにとって一番、大事なことは檀家制度を離れたところで、弔いで求められ、人に慕ってもらえる僧侶であるということ。今後の寺院経営では僧侶の人格が問われます。先祖から引き継いだ寺でのほほんとぜいたくな生活をしていた僧侶は間違いなく、淘汰される。宗教文化というのは本来、一般人よりすぐれた倫理性と人格を持つ聖職者がいることで成り立つものですが、檀家制度でゆるんでしまった仏教界が生き続けるためには、そういった人格者の養成が急務です。

第九章　変わりゆく死生観

■死んだら虚無～石原慎太郎さんの死生観

伸晃氏が明かした最期

いつかは誰もが迎える死。逝く人、弔う人の胸中にそれぞれの思いがあるにせよ、その最期の姿から学ぶことは多い。

弔い方が多様化し、その死生観はこれまでとは変わりつつあるようだ。著名人や専門家の終活からそのヒントを探る。

元東京都知事の石原慎太郎さんの一回忌の法要が2023年3月5日、神奈川県逗子市の菩提寺・海宝院で行われた。

石原慎太郎さんは最後の最後までベストセラー作家だった。

複数の愛人、婚外子などの存在を赤裸々につづった『「私」という男の生涯』（幻冬舎）を自身と妻の没後を条件に出版し、重版を重ねた。

「完璧に死んでみせる」と豪語した石原慎太郎さんの終活を側で見守った長男、石原伸晃さんが明かした。

「父がとんでもない本を出しちゃって……。家族は聞いていなかった」と伸晃さんは苦笑いする。

膵臓がんで余命3カ月の宣告を受けた21年10月、父、慎太郎さんは2つのことを伸晃さんに頼んだ。1つ目は「骨は必ず海にまいてほしい」。

約束どおり、散骨式を葉山町の名島沖で行ったのは2022年4月17日。

慎太郎さんが名誉会長を務め、縁が深い葉山のヨットクラブが主催し、伸晃さん、次男でタレントの良純さん、三男で自民党衆院議員の宏高さん、四男で画家の延啓《のぶひろ》さんらが出席した。

グラインダーで粉骨した遺骨をオブラートに包み、ハマグリの貝殻に入れ、伸晃さんらは海に流した。

30艇以上の船が海に出てクラブ仲間がその様子を見守った。

2つ目は「がんの痛みだけは感じないようにしてほしい」。伸晃さんは知人のターミナルケア専門の医師に相談し、痛みを取る薬を慎太郎さんに処方してもらった。

がん闘病中、慎太郎さんは病院より「自宅にいたい」と語った。

慎太郎さんの妻の典子さんは当時、体調を崩し、介護施設に入っていたので不在。お手伝いさんが身のまわりの世話をし、伸晃さんら兄弟4人はローテーションを組んでお正月、お盆など実家にもどり、父親と過ごした。

告知後、死を受け入れた石原慎太郎さんは病床で原稿をつづりながら、「死んだらつまらない」「あとは頼むな」と繰り返し語った。

自分自身もはじめた終活

伸晃さんは父親に婚外子がいることを30年以上前から打ち明けられていた。

週刊誌の報道などで発覚したとき、4人兄弟は母親の典子さんに「別れた方がいい」と離婚をすすめたが、母は応じなかった。

亡くなる前に、伸晃さんや弁護士らが見守る中、石原慎太郎さんは公正証書遺言を残した。

自宅に一緒にいたとき、「俺の人生、どう思う」と唐突に尋ねたことがあった。伸晃さんが「よかったんじゃない」と答えると「そうだよな」と笑った。

最後のお正月に突然、「ラーメンが食べたい」と言い出し、完食した後に体調を崩した。亡くなったとき、石原慎太郎さんは20キロ以上、痩せていた。

その死に顔を見詰めながら「寂しくなるわね」とつぶやいた母、典子さんも夫の後を追うように1カ月後、84歳で亡くなった。

介護施設で元気になったと思った矢先に典子さんは大動脈瘤破裂で突然、倒れた。

「母の死はこたえた」と伸晃さんは振り返る。

政治家時代にメディアの取材を受け、たびたびテレビなどに登場した慎太郎さんの田園調布の自宅は売却され、2023年10月から年末までの間に取り壊される。近所に住む男性は「本当に寂しいね。石原さんが政治家の時代はポリボックスがあり、周囲は安心だったんですけど……」と話していた。

4兄弟は近所にそれぞれ家を持ち、「貸そうとしたが、築50年で設備が古いので断念した」と伸晃さん。

2014年ごろから、慎太郎さんは約540坪の敷地に建てた逗子の家を売却、320

0冊の蔵書を逗子市立図書館に寄贈するなど終活をしたが、田園調布の家にまだ多く遺品が残されていた。

伸晃さんら兄弟は慎太郎さんの原稿や資料、蔵書などの整理を1年がかりで行い、一橋大学、小樽市などに寄贈した。「三島由紀夫氏が書き込みを入れて父に贈った本などもあり、驚いた」という。

「両親の死で大切さを教えられた」と伸晃さん自身も終活をはじめた。

逗子にある石原家の墓の継承は息子に頼んだが、横須賀市にある母の実家の先祖代々の墓所は継承者がおらず、伸晃さんが「墓じまい」した。

墓じまいとふるさとの消滅

慎太郎さんの弟、裕次郎さんの墓は横浜市の總持寺にある。

往年の大スターらしい大きな石塔が建つ、広い墓所で今も多くのファンが訪れ、手をあわせる。2019年に行われた三十三回忌でまき子夫人が「弔い上げ」とし、その後の墓守は夫人の親族が担うという。

「死んだら虚無」という独特の死生観を生前から語り、墓より散骨を望んだ慎太郎さん。

遺骨を海に全部まいてしまうと石原家の先祖代々の墓で弔えなくなると伸晃さんが分骨を提案すると、「わかった。それでいい」と応じた。

「わが家もいつまで墓を継承していけるか、誰にもわかりません」

伸晃さんによると、俳優で石原プロ社長を長年、務めた渡哲也さんも生前、故郷の兵庫県淡路島の先祖代々の墓を墓じまいした。

東京にある渡さんの妻の実家の菩提寺に改葬した。２０２０年に78歳で亡くなった渡さんは今、そこで眠っている。

墓じまいが加速すると、盆暮れに先祖代々、住んできた土地に帰省するという風習がいずれ、なくなっていくのではないか。そうすれば、ふるさとは消滅しかねない。

伸晃さんはこう語る。

「高齢社会で終活のあり方はこれからの重要な政治課題となると思います」

■「ただ漂っていたい」〜市原悦子さんの死生観

最愛の夫を亡くしてすぐに

全国で墓じまいが増え、前述したように継承者を必要としない樹木葬がアンケート調査でトップとなる人気となっている。

「樹木葬の人気に火をつけたひとりは、間違いなく女優の市原悦子さん。彼女の死後、多くの見学者がくるようになった」

こう振り返るのは、千葉県袖ケ浦市にある里山に約5千坪の敷地を持つ曹洞宗・真光寺事務局の椎野靖浩さん。

市原さんは2019年1月に82歳で亡くなったが、生前に樹木葬を選んだ。

樹木葬は墓石にかわって樹木を植え、骨つぼを納める納骨室を作らず、骨を布などにくるんで土に直接、入れる埋葬法だ。

1999年に岩手県一関市にある知勝院で始まり、継承者を必要としない永代供養として知られる。

市原さんが袖ケ浦市にある真光寺を初めて訪れたのは2014年5月。最愛の夫である演出家・塩見哲さん（享年80）を亡くしたばかりだった。

「あー、せいせいした」～吹っ切れたような笑顔

市原さんは初めて訪れた時、名乗らなかったが、「まんが日本昔ばなし」をテレビで見て育った椎野さんは独特の声ですぐに気づいたという。

樹木葬の墓標として「桜の木が人気ありますよ」と市原さんに説明したが、「好きじゃない」とつれなかった。

「ここからは富士山が見えますよ」と空を見上げると、「富士山も嫌い」とにべもない。

家柄や権威を象徴するようなお墓も好まないという市原さん。6メートル以上あるエノキを見上げ、「ああ、これがいい。里山の木の中で一番、きれい」とようやく笑顔を見せた。

柳田國男の説によると、エノキの由来は縁起の良い木を意味する「嘉樹《よのき》」。それが転じてエノキと呼ばれるようになった。里山の木々を毎日、眺めている椎野さんもエノキの雄大さに魅せられていた。「この人、木のよさをわかっている」とうれしくなった。

夫で演出家だった塩見哲さんを納骨
したときの市原悦子さん

めいの久保久美さん(左)と(上の写真
とも久保さん提供)

市原さんは里山の2区画（約2坪）を購入し、エノキの苗木を植えた。区画中央に花を飾り、「塩見哲」「市原悦子」と彫られた18センチ角の御影石を置き、「あー、せいせいした」とふっ切れたような笑顔を見せた。

塩見さんが亡くなった直後、市原さんは東京都千代田区内の自宅マンションの一室に置いた最愛の夫の遺骨が入った骨つぼを前に途方に暮れていた。

「骨つぼをお墓の中の暗い、冷たいコンクリートの中に納めるのは嫌。しっくりこない」と思い悩んだという。

長男だった塩見さんには引き継ぐべき先祖代々のお墓があった。

塩見さんのめいの久保久美さんによると、生前から塩見さんは京都にある実家の墓と千葉にある市原さんの実家の墓に分骨し、2つの墓で眠りたいと語っていた。

市原さんは、両家の墓に分骨することを当初、考えたが、最終的にはそうしなかった。

ミッキー吉野夫妻の助け舟

塩見さんの遺骨をどう弔えばいいのか。

悩む市原さんに助け舟を出したのは、長年の親友で音楽家のミッキー吉野さん夫妻だ。

「樹木葬ツアー」を企画したミッキーさんは、「以前、市原さんと塩見さんが樹木葬を紹介したテレビ番組を見ながら、『いいな』と話していたことを思い出した」と振り返る。
夫の死後、自宅に引きこもりがちな市原さんを外に連れ出す目的もあったという。子どものいない塩見さんから「後見人になってほしい」と頼まれていためいの久保さんも樹木葬ツアーに同行した。

1年間かけてミッキーさん夫妻、市原さん、久保さんの4人で車に乗って都内、千葉、神奈川など6カ所の樹木葬を見学し、真光寺を選んだ。

塩見さんを納骨した際、市原さんは歌で見送ることを計画した。参列者に歌詞カードを配り、バスの中で歌を練習。ミッキーさんが持参したキーボードで伴奏し、ある歌をみなで合唱した。

市原さんは自身が主演した舞台のテーマ曲「夢とごはんの木」が大好きだった。作曲はミッキーさんで作詞は塩見さんがした。

千葉県出身の市原さんは疎開先で空襲にあい、飢えをしのぐために草木も食べた体験を持つ。歌いながら平和の尊さをかみしめたという。

納骨から4年後、市原さんが亡くなると、「隣に埋めてね」という遺言に従い、塩見さんの区画に穴を掘った。立ち会った久保さんが振り返る。

「穴を掘ると、おじの遺骨の一部が見つかり、びっくりしました。その真横におばの遺骨も白い布でくるんで納骨しました。すぐ隣で眠れてよかったねとみんなで話しました」

市原さんを納骨した時もミッキーさんが伴奏し、参列者全員で「夢とごはんの木」を歌って見送った。

骨は土とともに里山の一部になる

無宗教だった市原さんは「戒名はいらない」と当初、断ったという。

住職に「戒名は持っておいた方がいい。好きな2文字を選んでください」と促されると、「遊、戯、悦」の3文字を選んだ。

市原さんはその理由をこう説明した。

「俳優やっていますので遊んで戯れる、という字がいい。そして私の名、悦という字です」

市原さんの戒名は「遊戯悦楽信女」に決まった。

塩見さんと市原さん夫妻は三十三回忌までは永代供養されるが、それ以降、引き継ぐ人がいなければ、プレートは外され、無縁となる。

「夢とごはんの木」を歌う市原悦子さん（中央）と参列者（久保久美さん提供）

骨は土とともに里山の一部になる。

2023年3月末の雨上がりの夕刻、袖ケ浦の真光寺を訪れると、市原さんが植えたエノキは3メートルを超える大きな木になっていた。

「5メートル以上は伸びると思いますよ」

椎野さんが教えてくれた。

市原さんを長年取材し、最期をみとった、『いいことだけ考える　市原悦子のことば』（文藝春秋）の著者でノンフィクションライターの沢部ひとみさんに、市原さんは死生観をこう語っていた。

「死んだら何もかも終わり。その瞬間から魂はこの世にないの」

そしてこうもつぶやいたという。

「（自分が）土にかえったら木のまわりをただ漂っていたい」

■死の外注

古来から続く葬礼の二潮流

地縁、血縁が薄れ、家制度が継続していくことを前提としない無縁社会が広がる中、死生観や弔いも多様化している。

「わが国では、はるか万葉の時代から現代まで、死に逝く人をみとり、弔うという歴史を繰り返してきました」

こう語るのは、万葉挽歌《ばんか》と葬送儀礼などを研究する国学院大学文学部特別専任教授の上野誠さんだ。

福岡の商家に生まれ、育った上野さんは、長兄が亡くなった後に、故郷にあった祖父の代からの大きな墓所を墓じまいした体験を『万葉学者、墓をしまい母を送る』(講談社)に書いた。

実は本の続きがあった。

「僕のあと、墓を継承する人がいないので改葬した一族の小さな墓もしまい、7~8柱あった遺骨を無縁の共同埋葬施設へ移しました」

上野さんによると、家の権威の象徴としてお墓資本主義が広まり、個人墓の納骨室の広さ、豪華さを競うようになったのは、明治時代以降という。

それまで土葬が主流で庶民では墓がない人が多かった。

官僚出身の民俗学者、柳田國男は著書『先祖の話』などで、子が親を祭り続ける家の永続こそ、日本人の幸福の源泉と戦中、戦後に説いた。

こうした影響もあり、今も墓や遺骨を管理する祭祀継承者は親族とされることが多い。

日本には古来より葬礼に対し、大きく2つの潮流があった。

1つは死者をできるだけ手厚く葬る厚葬思想、もう1つはその負担で生きる人の幸福を奪うことにつながるのであれば、簡素化すべきという薄葬思想だ。

厚葬思想は先祖から続く地縁、血縁ネットワークがコストをかけて長年、維持してきたものだ。

40年ほど前まで葬儀は、地縁や血縁のネットワーク、寺と協力して行う「しきたり」があり、喪主や家族だけの意思で自由にすることは難しかったという。

ところが、近年はコロナ禍もあり、そのしきたりが大きく崩れ、多様性が重んじられ、個々人が葬送のやり方を自由に選べる時代になった。

葬儀から納骨まで葬儀業者に頼んだり、通夜、葬儀などをせずに火葬場で弔ってすませる直葬が多くなるなど、死にコストをかけず、外注するようになった。

「薄葬思想が主流になる現代で、死の外注や終活がうまくできなかった人が無縁遺骨となっていると思います」

死の外注によって墓に入れても、継承者がいなければやがて無縁墓となり、結局、行き着く先は無縁遺骨となってしまう。

少子高齢化で家や墓の継承が難しくなる中、近い将来、無縁遺骨を引き受ける「市民葬礼庁」が誕生するのではないかと上野さんは予見する。

「生きている人の幸せあってこその弔い」

万葉集で大伴旅人《おおとものたびと》がこんな句を詠んでいる。

「この世にし　楽しくあらば　来む世には　虫に鳥にも　我はなりなむ」

飛鳥時代から奈良時代にかけて国政を担う公卿として活躍した大伴旅人は晩年、九州の大宰府《だざいふ》に赴任し、酒をこよなく愛し、多くの歌を詠んだ。

大伴旅人が生きたこの時代は、命あるものは転生し、人間だけでなく、動物や鳥、虫などを含めた生類として何度も生まれ変わるという輪廻転生《りんねてんしょう》を説くインド仏教の影響が色濃かった。

上野さんの解説によると、人は最後に死ぬのでこの世に生きている間は楽しく生きるべき。楽しく生きることができれば、あの世で虫になっても鳥になってもいい、という意味という。

この歌を参考に上野さんは「生きている人の幸せあってこその弔い」という考えに至ったという。

あとがき

いろんな宗教が死後の世界について説いているが、エビデンス（証拠）などはなく、あの世のことは誰にもわからない。

人は死んだら終わり――。と言いたいところだが、実際は身寄りがいなければ、死亡届も出せず、火葬もできない。遺骨になっても弔う人がいなければ、無縁遺骨となり、役所のキャビネットや無縁の納骨堂などをさまようことになる。無縁遺骨を追った連載ルポを朝日新聞ではじめ、死の「ダイバーシティ（多様性）」ともいえるカオスに足を踏み入れた。

お墓をどうする？　火葬場で遺骨を処分してもらう、自然葬でその存在を消す――。老後だけでなく、死後のことも考えておかなければならない現実がある。

無縁遺骨にならぬようにできることはせねば、とまず、自分が住む市区町村のサービスを調べてみたが、終活登録もキーホルダーの制度もなかった。

これって不平等ではないか？

将来的にどの市区町村でもせめて横須賀市のように終活登録や安心して葬儀から納骨まで生前契約できる仕組みをつくってもらいたい。

鹿児島市や横浜市、長野市のネットワークづくりの行方も気になる。

この連載の取材をはじめて以降、公正証書遺言の書き方を勉強したり、市原悦子さんが選んだ里山の樹木葬を見学したり、親と墓じまいについて話したりとひそかに終活をはじめたが、もやもやしたものがどうしても残る。

「この世にし　楽しくあらば　来む世には　虫に鳥にも　我はなりなむ」

万葉集、葬送儀礼研究者の上野誠さんが教えてくれた大伴旅人の句に終活のヒントを見つけた気がした。

2023年春、お世話になった女性の葬儀に向かう高速バスの中で虫が顔に近づいた時、彼女がお別れを言いに来てくれたのではないかとフッと思った。

長い闘病の末に亡くなったが、病床ではいつも前向きで「週刊朝日」を持って笑っている写真が遺影に使われた。

漂うように動く虫を見ていると安らかな気持ちになり、またいつか、どこかで会える。

無縁でも何とかなるさ、と開き直れるようになった。

最後になりましたが、取材にご協力していただいたすべての方々に心より感謝を申し上げます。みなさまとの出会いがなければ、本書は成立しませんでした。また朝日新聞連載でご尽力いただいた三橋麻子・前首都圏ニュースセンター長をはじめ、宮嶋加菜子・同センター長、三島あずさ次長、石田耕一郎・台湾支局長、通訳の顔大惟さんにこの場を借りてお礼申し上げます。

2023年10月

森下香枝

初出＝朝日新聞連載「無縁遺骨を追う」「大名家の墓じまい」などに加筆しました。

森下香枝（もりした・かえ）
1970年生まれ。「週刊文春」記者を経て、2004年、朝日新聞入社。東京社会部員、AERA dot. 創刊編集長、週刊朝日編集長を歴任。現在、朝日新聞東京本社ネットワーク報道本部記者。著書に『真犯人――グリコ・森永事件「最終報告」』『史上最大の銀行強盗――5億4000万円強奪事件』『退屈な殺人者』など。『「少年A」この子を生んで……――父と母 悔恨の手記』を取材・執筆した。

ルポ 無縁遺骨《むえんいこつ》
誰があなたを引き取るか

2023年11月30日　第1刷発行

著　者　森下香枝
発行者　宇都宮健太朗
発行所　朝日新聞出版
〒104-8011 東京都中央区築地5－3－2
電話 03-5541-8832（編集）
03-5540-7793（販売）
印刷製本　株式会社 加藤文明社

Published in Japan by Asahi Shimbun Publications Inc.
ISBN978-4-02-251949-8
定価はカバーに表示してあります。
落丁・乱丁の場合は弊社業務部（電話03-5540-7800）へご連絡ください。
送料弊社負担にてお取り替えいたします。

JASRAC　出　2308355-301